浙江大学新时代枫桥经验研究院"一号工程"

国家社会科学基金重大项目"坚持和发展新时代'枫桥经验'推进法治社会建设"

中国新时代"枫桥经验"指数报告2023

CHINA'S NEW ERA "FENGQIAO MODEL"
INDEX REPORT 2023

钱弘道 等著

中国社会科学出版社

图书在版编目（CIP）数据

中国新时代"枫桥经验"指数报告2023／钱弘道等著． —北京：中国社会科学出版社，2023.11

ISBN 978 - 7 - 5227 - 2592 - 5

Ⅰ. ①中… Ⅱ. ①钱… Ⅲ. ①社会管理—研究报告—中国—2023　Ⅳ. ①D63

中国国家版本馆 CIP 数据核字（2023）第 170347 号

出 版 人	赵剑英
责任编辑	张　林
特约编辑	张　虎
责任校对	吴　溶
责任印制	戴　宽

出　　版	中国社会科学出版社
社　　址	北京鼓楼西大街甲 158 号
邮　　编	100720
网　　址	http://www.csspw.cn
发 行 部	010 - 84083685
门 市 部	010 - 84029450
经　　销	新华书店及其他书店
印　　刷	北京明恒达印务有限公司
装　　订	廊坊市广阳区广增装订厂
版　　次	2023 年 11 月第 1 版
印　　次	2023 年 11 月第 1 次印刷
开　　本	710×1000　1/16
印　　张	14.75
插　　页	2
字　　数	169 千字
定　　价	89.00 元

凡购买中国社会科学出版社图书，如有质量问题请与本社营销中心联系调换
电话：010 - 84083683
版权所有　侵权必究

前　言

新时代"枫桥经验"是中国基层社会治理的典范，是全过程人民民主的生动实践，是中国式现代化行之有效的基层社会治理经验。

从20世纪60年代毛泽东批示推广"枫桥经验"到今天，"枫桥经验"不断创新发展，显示出了强大的生命力。"枫桥经验"之所以具有强大生命力，是因为符合矛盾运动规律、化解矛盾方法科学、改造人心使命长久。

党的十八大以来，以习近平同志为核心的党中央全面推进国家治理体系和治理能力现代化。"枫桥经验"发展为新时代"枫桥经验"。新时代"枫桥经验"成为坚持和完善中国特色社会主义制度、推进国家治理现代化的有机组成部分。

新时代"枫桥经验"以多元共治为基本格局，以"四治"融合为基本方法，以矛盾化解为基本内容，以平安和谐为最终目标。依靠人民群众化解矛盾纠纷是"枫桥经验"的"真经"，也是新时代"枫桥经验"的最主要特征。坚持党的领导是新时代"枫桥经验"的根本保证。"一切以人民为中心"是新时代"枫桥经验"的核心价值观。"一切为了人民"是新时代"枫桥经验"坚定不移的宗旨。"一切依靠人民"是新时代"枫桥经验"生生不息的生命源泉。"一切由人民评判"是检验坚持和发展新时代"枫桥经验"效果的根本尺度。

中国共产党着眼于国家长治久安、人民安居乐业，建设更高水平的平安中国，坚持和发展新时代"枫桥经验"，坚持系统治理、依法治理、综合治理、源头治理。党的二十大报告强调："健全共建共治共享的社会治理制度，提升社会治理效能。在社会基层坚持和发展新时代'枫桥经验'，完善正确处理新形势下人民内部矛盾机制，加强和改进人民信访工作，畅通和规范群众诉求表达、利益协调、权益保障通道，完善网格化管理、精细化服务、信息化支撑的基层治理平台，健全城乡社区治理体系，及时把矛盾纠纷化解在基层、化解在萌芽状态。"新时代"枫桥经验"已经为创造经济快速发展奇迹和社会长期稳定奇迹、实现"中国之治"发挥了重要作用，也必将在以中国式现代化全面推进中华民族伟大复兴进程中发挥更大的作用。

新时代"枫桥经验"是中国共产党百年奋斗中形成的治国理政的宝贵经验。新时代"枫桥经验"是中国最亮眼的"治理故事"，彰显了中国式基层社会治理现代化的独特优势和强大活力。新时代"枫桥经验"为全球治理提供了中国智慧和中国方案，在全球冲突解决中有重要的启示作用。中国积极参与全球治理体系改革和建设，践行共商共建共享的全球治理观。中国坚持对话协商，坚持合作共赢，坚持交流互鉴。中国积极推动建设一个持久和平、普遍安全、开放包容的世界。讲好新时代"枫桥经验"的故事，促进基层社会治理经验的国际交流，在涉外纠纷化解中充分运用新时代"枫桥经验",对构建人类命运共同体具有重大意义。

平安建设重点在基层,难点在基层,希望在基层。为记录中国基层社会治理中坚持和发展新时代"枫桥经验"的历程,介绍中国坚持和发展新时代"枫桥经验"的创新实践,分享中国基层社会治理经验,特发布本白皮书。

Preface

The New Era "Fengqiao Model" serves as a paradigm for basic-level governance in China, a manifestation of the whole-process people's democracy, and a tested and proven experience in basic-level governance within Chinese-style modernization.

Since Mao Zedong issued the instruction to promote the "Fengqiao Model" in the 1960s, the concept has been continuously innovated and developed, demonstrating continuous vitality. This strong vitality is derived from its conformity to the dynamic law of contradictions, its scientific methods of resolving conflicts, and its enduring mission to inculcate and nurture hearts and minds.

Since the 18th National Congress of the Communist Party of China, the Party Central Committee, with Comrade Xi Jinping as its General Secretary, has been comprehensively modernizing China's system and capacity for governance. The "Fengqiao Model" has evolved into the New Era "Fengqiao Model". The New Era "Fengqiao Model" has naturally become an integral part of upholding and improving the system of socialism with Chinese characteristics and promoting the modernization of national governance.

The New Era "Fengqiao Model" provides a framework for conflict resolution. It is built on diverse and inclusive participation, integrating "the four types of governance" as its principal methods, with the ultimate goal being peace and harmony. Resolving conflicts and disputes through the common people is considered the "Holy Scripture" dictated by the "Fengqiao Model" and the most salient feature of the New Era "Fengqiao Model". Adhering to the Party's Leadership is the fundamental underpinning of the New Era "Fengqiao Model"; the "People-Centered Approach" is its core value; "Acting for the People" is its purpose to be pursued; "Relying on the People" is its source of life. "Accepting the People's Judgements" is the primary measurement scale for surveying the effectiveness of upholding and developing the New Era "Fengqiao Model".

The Communist Party of China (CPC) has been focusing on the long-term stability of the country, the peace and well-being of the people, and the advancement of the Peaceful China Initiative on a higher level. They work to uphold and develop the New Era "Fengqiao Model", committed to governing systematically and in accordance with the law, comprehensive governance, and governance from the source. The Report of the 20th National Congress of the Party emphasizes, "We will improve the social governance system—based on collaboration, participation, and shared benefits—to make social governance more effective. We will persist and further develop the 'Fengqiao Model' to promote basic-level governance in the New Era, and we will improve the mechanisms for appropriately addressing disputes between members of the public under the new circumstances. We will improve our work in handling public complaints and maintain open and regular channels for learning about people's concerns, handling their claims while protecting their rights and interests. Basic-level social governance platforms that feature grid-based management, meticulous services, and IT support will be improved to strengthen urban and rural community governance." The New Era "Fengqiao Model" was a remarkable contributor to the miracles of rapid economic development, long-term social stability, and "China's Effective Governance", and it will indubitably play an even more significant role during the process of promoting the great rejuvenation of the Chinese nation on all fronts using Chinese-style modernization.

The New Era "Fengqiao Model" is a valuable experience in governance developed by CPC during its century-long endeavors. The New Era "Fengqiao Model" is China's most magnificent "Story of Governance", demonstrating the unique advantages and strong vitality of the basic-level governance in Chinese modernization. The New Era "Fengqiao Model" has provided Chinese input and contributed Chinese insight for global governance and enlightened people on global conflict resolution. China has been actively participating in the reform and development of the global governance system, pursuing a vision of global governance featuring shared growth through discussion and collaboration. China is committed to acting through dialogue and consultation and through mutually beneficial cooperation, exchanges, and learning. China is committed to actively building a world of lasting peace, of universal security, and of openness and inclusiveness. Telling the story of the New Era "Fengqiao Model" well, promoting international exchanges of experiences in basic-level governance, and applying the New Era "Fengqiao Model" methodically to resolve foreign-related disputes, are of great significance in building a community with a shared future for mankind.

The key to advancing the Peaceful China Initiative lies at the basic level, as does the difficulty and the hope. This white paper is published to commemorate the history of upholding and developing the New Era "Fengqiao Model" for the advancement of the basic-level governance in China, to introduce China's innovative practices of upholding and developing the New Era "Fengqiao Model", and to share China's experience in basic-level governance.

目　录

一　新时代"枫桥经验" ……………………………………（1）

二　党的领导 ………………………………………………（24）

三　人民主体 ………………………………………………（45）

四　多元协同 ………………………………………………（67）

五　自治强基 ………………………………………………（81）

六　法治保障 ………………………………………………（98）

七　德治教化 ………………………………………………（118）

八　智治支撑 ………………………………………………（133）

九　矛盾化解 ………………………………………………（152）

十　平安和谐 …………………………………………（175）

十一　群众满意 ………………………………………（193）

结　语 …………………………………………………（215）

附录　2023新时代"枫桥经验"指数样本县名单 ……（217）

后　记 …………………………………………………（221）

一　新时代"枫桥经验"

"枫桥经验"是在党的领导下发动和依靠人民群众就地化解矛盾的方法。"枫桥经验"经历不同时期，适应各种矛盾变化，表现出强大的生命力。"枫桥经验"不断创新发展，在中国共产党治国理政的伟大实践中转型为新时代"枫桥经验"。新时代"枫桥经验"是基层社会治理的方法，是推进中国式现代化的重大经验。为推进全国坚持和发展新时代"枫桥经验"，浙江大学新时代枫桥经验研究院启动新时代"枫桥经验"指数重大项目研究，组织开展新时代"枫桥经验"指数全国样本县测评工作，同时推进新时代"枫桥经验"指数监测平台的研发和应用，推动以新时代"枫桥经验"指数数字化为"大脑"的基层治理数字化应用场景建设。

（一）"枫桥经验"的起源和发展[①]

"枫桥经验"经历社会主义建设、改革开放和全面深化改

[①] 关于"枫桥经验"的起源和发展，参见钱弘道《论"枫桥经验"的起源和生命力》，《河北法学》2023年第12期。

革三个不同时期，适应社会管制、社会管理和社会治理三种不同模式。

"枫桥经验"起源于社会主义建设时期。1963年2月，中共中央决定在全国农村开展社会主义教育运动。中共浙江省委选择诸暨、萧山、上虞等县作为社会主义教育运动试点。诸暨县枫桥区干部群众经集体讨论，决定采取发动群众、依靠群众，通过说理斗争把"四类分子"——"地主""富农""反革命""坏分子"教育改造为社会主义新人，取得了不捕人、治安好的良好效果。公安部领导发现枫桥区通过群众说理斗争制服"敌人"的经验后，就向毛泽东作了汇报。毛泽东听后指示要好好地总结，并说："这叫矛盾不上交，就地解决。"公安部根据毛泽东的指示，专门派人到枫桥区实地调查，形成《诸暨枫桥区社会主义教育运动中开展对敌斗争的经验》，即"枫桥经验"。1963年11月22日，毛泽东在公安部介绍"枫桥经验"的发言稿上作出批示："此件看过，很好。讲过后，请你们考虑，是否可以发到县一级党委及县公安局，中央在文件前面写几句介绍的话，作为教育干部的材料。其中应提到诸暨的好例子，要各地仿效，经过试点，推广去做。"毛泽东又口头指示："诸暨的经验要好好总结一下，整理一个千把字的材料发下去，回答两个问题：（一）群众是怎样懂得这样做的；（二）依靠群众办事是个好办法。"至此，诸暨枫桥干部群众创造的"发动和依靠群众，坚持矛盾不上交，就地解决，实现捕人少、治安好"的"枫桥经验"正式形成。1964年1月，中共中央发出《关于依靠群众力量，加强人民民主专政，把绝大多数"四类分子"改造成新人的指示》，同时转发《诸暨县枫桥区社会主义教育运动中开展对敌斗争的经验》，把"枫桥经验"推向全国。同年2月，第十三次全国公安会议提出在全国推广"枫桥经验"。此后，全国形成了学习、推广"枫桥经验"的氛围。

"枫桥经验"转型于改革开放时期。市场经济的转型产生了一系列新型社会矛盾纠纷，对化解矛盾纠纷提出了巨大需求，以维护稳定为目标的社会管理模式应运而生。维护社会稳定成为"枫桥经验"的新目标。社会管理创新对"枫桥经验"提出了新要求。"枫桥经验"开始转型，成为社会管理创新的组成部分。2003年11月，时任浙江省委书记习近平同志就坚持和发展"枫桥经验"提出，要充分珍惜"枫桥经验"，大力推广"枫桥经验"，不断创新"枫桥经验"，并强调要把创新发展"枫桥经验"贯穿于经济社会发展全过程。[①]浙江省诸暨市枫桥镇等地把维护社会稳定摆在突出的位置，不断在实践中创新"枫桥经验"，为全国各地处理好经济发展与社会稳定的关系提供了新经验。"枫桥经验"成为社会综合治理工作的样板。

"枫桥经验"的转型是一个与法治发展同步、不断吸收法治元素的过程。中国式法治现代化经历了根据地法制实践、共和国法制探索、依法治国方略实施、全面推进依法治国四个阶段。这四个阶段包含了正反两方面经验教训。[②]"枫桥经验"产

---

① 参见朱海洋《"枫桥经验"再出发——看浙江诸暨枫桥镇如何演绎"枫桥经济"》，《农民日报》2023年8月19日第1版。

② 参见钱弘道《中国特色社会主义法治理论的四个渊源》，《法治现代化研究》2021年第2期。

生于共和国法制探索的低谷阶段，人们缺少法治观念，社会缺少法治氛围。虽然新中国成立初期国家立法工作开展活跃、成效显著，颁布了《中华人民共和国宪法》《中央人民政府组织法》《选举法》《土地改革法》等一大批法律文件，但在"文化大革命"期间，法制遭到严重破坏。直到党的十一届三中全会之后，法制秩序恢复重建，"枫桥经验"才逐步走向法治化转型道路。1999年宪法修正案规定："中华人民共和国实行依法治国，建设社会主义国家。"[1] 1999年宪法修正案成为中国法治道路上的里程碑。2006年，在习近平同志主持和提议下，中共浙江省委作出《关于建设"法治浙江"的决定》。《关于建设"法治浙江"的决定》要求总结、推广和创新"枫桥经验"，建立健全矛盾纠纷疏导化解机制、打防控一体化工作机制和基层管理服务机制，完善社会治安综合治理的方法和途径，积极推进综合治理网络建设，把综合治理工作覆盖到全社会。[2] "枫桥经验"逐步进入法治化轨道。

新时代"枫桥经验"形成于全面深化改革时期。在全面深化改革时期，中国社会主要矛盾转化为人民日益增长的美好生活需要和不平衡不充分发展之间的矛盾。主要矛盾的变化成为"枫桥经验"转变为新时代"枫桥经验"的条件。社会治理现代化催生了新时代"枫桥经验"。新时代"枫桥经验"的形成与世界治理的发展趋势是一致的。新时代"枫桥经验"的形成反映了从社会管理到社会治理转型的轨迹。2013年10月，党

---

[1] 《中华人民共和国宪法修正案（1999）》，1999年3月15日。
[2] 参见中国共产党浙江省第十一届委员会第十次全体会议《关于建设"法治浙江"的决定》，《浙江人大》2006年第5期。

的十八届三中全会通过《中共中央关于全面深化改革若干重大问题的决定》,提出"加快形成科学有效的社会治理体制"[①],这是中国共产党首次在党的正式文件中提出"社会治理"命题。从"社会管理"到"社会治理",标志着中国共产党执政理念的变化。新时代"枫桥经验"的形成与中国共产党执政理念的变化相印证。在纪念"枫桥经验"50周年之际,习近平总书记就坚持和发展"枫桥经验"作出重要指示,强调:各级党委和政府要充分认识"枫桥经验"的重大意义,发扬优良作风,适应时代要求,创新群众工作方法,善于运用法治思维和法治方式解决涉及群众切身利益的矛盾和问题,把"枫桥经验"坚持好、发展好,把党的群众路线坚持好、贯彻好。[②] 在社会治理时期,新时代"枫桥经验"的法治特征更加凸显。

2017年10月,党的十九大报告提出,要"完善党委领导、政府负责、社会协同、公众参与、法治保障的社会治理体制"[③],特别强调要"打造共建共治共享的社会治理格局"[④]。共建共治共享的社会治理格局成为新时代"枫桥经验"的基本元素之一。

[①] 《中共中央关于全面深化改革若干重大问题的决定》,人民出版社2013年版,第4页。

[②] 参见《习近平就坚持和发展"枫桥经验"作出重要指示——把"枫桥经验"坚持好、发展好 把党的群众路线坚持好、贯彻好》,《人民法院报》2013年10月12日,第1版。

[③] 习近平:《决胜全面建成小康社会 夺取新时代中国特色社会主义伟大胜利——在中国共产党第十九次全国代表大会上的报告》,《中国共产党第十九次全国代表大会文件汇编》,人民出版社2017年版,第39页。

[④] 习近平:《决胜全面建成小康社会 夺取新时代中国特色社会主义伟大胜利——在中国共产党第十九次全国代表大会上的报告》,《中国共产党第十九次全国代表大会文件汇编》,人民出版社2017年版,第39页。

2018年11月,中央政法委会同中共浙江省委在绍兴召开纪念毛泽东同志批示学习推广"枫桥经验"55周年暨习近平同志指示坚持发展"枫桥经验"15周年大会,把新时代"枫桥经验"界定为"党领导人民创造的一整套行之有效的社会治理方案"[①]。

自2019年以来,新时代"枫桥经验"连续被写入党的十九届四中全会《中共中央关于坚持和完善中国特色社会主义制度、推进国家治理体系和治理能力现代化若干重大问题的决定》、十九届五中全会《中共中央关于制定国民经济和社会发展第十四个五年规划和二〇三五年远景目标的建议》、十九届六中全会通过的《中共中央关于党的百年奋斗重大成就和历史经验的决议》和党的二十大报告。新时代"枫桥经验"还被写入中共中央印发的《法治中国建设规划（2020—2025年）》、《中共中央 国务院关于加强基层治理体系和治理能力现代化建设的意见》以及《中共中央 国务院关于支持浙江高质量发展建设共同富裕示范区的意见》等重要文件中。上述情况表明,新时代"枫桥经验"已成为中国式现代化的重要经验、中国共产党百年奋斗中形成的宝贵经验。坚持和发展新时代"枫桥经验"成为建设法治社会、促进共同富裕、实现平安和谐的抓手。

---

① 郭声琨:《坚持发展新时代"枫桥经验"加快推进基层社会治理现代化 努力建设更高水平的平安中国》,2018年11月12日,中国政府网。

（二）新时代"枫桥经验"的内涵

新时代"枫桥经验"是多元共治格局下自治、法治、德治、智治相融合的化解矛盾纠纷、促进社会平安和谐的基层社会治理方法。新时代"枫桥经验"的基本元素是党的领导、人民主体、多元协同、"四治"融合、矛盾化解、平安和谐。新时代"枫桥经验"以多元共治为基本格局，以"四治"融合为基本方法，以矛盾化解为基本内容，以平安和谐为最终目标。

1. 以多元共治为基本格局

多元共治是社会治理的核心理念。坚持共建共治共享的社会治理制度是基层治理的工作原则，也是新时代"枫桥经验"的本质要求。要实现共建共治共享，就必须创新社会治理机制和方式，整合各种社会资源，形成党领导下的多方参与、共同治理的局面。党的领导、人民主体、多元协同构成"多元共治"格局。

党的领导是根本保证。《中共中央 国务院关于加强基层治理体系和治理能力现代化建设的意见》明确党对基层治理的领导是新时代基层治理现代化建设的统领，将完善党全面领导基层治理制度摆在首要位置。[①] 党的领导是政治保障。党对社会治理工作的领导，既体现党组织对社会治理的宏观决策和微观推动，也体现在党的基层组织在基层治理中发挥战斗堡垒

---

① 参见《中共中央 国务院关于加强基层治理体系和治理能力现代化建设的意见》，2021年7月11日，中国政府网。

人民主体是价值核心。依靠群众是党的基本路线。"以人民为中心"是新时代"枫桥经验"的核心价值观。依靠群众就地解决矛盾纠纷是新时代"枫桥经验"的"真经"。群众路线是"枫桥经验"的本质要义所在。人民主体立场决定了新时代"枫桥经验"的政治立场、逻辑起点和价值取向。"一切为了人民"是新时代"枫桥经验"坚定不移的宗旨。"一切依靠人民"是新时代"枫桥经验"生生不息的生命源泉。"人民是否满意"是评价坚持和发展新时代"枫桥经验"效果的根本尺度。

多元协同是力量源泉。党的二十大报告提出，要"建设人人有责、人人尽责、人人享有的社会治理共同体"[①]。坚持和发展新时代"枫桥经验"，要求充分调动社会各方力量参与社会治理，统筹社会各种资源支持社会治理，激发社会治理活力，推动形成矛盾自我化解机制，发挥最大限度的社会治理效益。只有汇聚起政府、企业、社会组织、公众等各方面的力量，形成各类参与主体相辅相成的治理体系，才能有效打通治理过程中的难点、痛点、堵点。共建共治共享社会治理制度是社会治理的顶层设计和行动框架。多元协同是多元主体合作共治、共同参与、平等协商的力量整合机制。

[①] 习近平：《高举中国特色社会主义伟大旗帜 为全面建设社会主义现代化国家而团结奋斗——在中国共产党第二十次全国代表大会上的报告》，《党的二十大报告学习辅导百问》，党建读物出版社、学习出版社2022年版，第41页。

2. 以"四治"融合为基本方法

《中共中央 国务院关于支持浙江高质量发展建设共同富裕示范区的意见》强调，坚持和发展新时代"枫桥经验"，构建舒心安心放心的社会环境，健全党组织领导的自治、法治、德治、智治融合的城乡基层治理体系。[1]自治强基、法治保障、德治教化、智治支撑——"四治"融合构成中国特色的基层治理方法模式。

自治是基层社会治理的"内生力"。新时代"枫桥经验"依靠社会内生力量。社会内生力量释放一定程度，就能产生强大的社会矛盾纠纷的自我化解和政治导向的纠偏作用。"枫桥经验"释放了社会内生力量，是自治社会的功能发挥。发动人民群众、依靠人民群众实际上就是激活、依靠社会内生力量。依靠群众是永远具有生命力的思想。社会内生力量一旦被激活，社会自治能力得到充分运用，社会矛盾就能得到有效化解，社会就能形成良性发展状态。[2]自治是中国基层治理的一大特色。自治的完善是衡量"社会全面进步"的重要维度。新时代"枫桥经验"注重健全以群众自治组织为载体、社会各方广泛参与的新型乡村社区治理体系，促进民事民议、民事民办、民事民管。基层群众自治的核心要义就是民主选举、民主决策、民主管理和民主监督。完善人民群众行使民主权利的程

---

[1] 参见《中共中央 国务院关于支持浙江高质量发展建设共同富裕示范区的意见》，2021年6月10日，中国政府网。
[2] 参见钱弘道《论"枫桥经验"的起源和生命力》，《河北法学》2023年第12期。

序和保障制度是提升人民群众自治能力的基本前提。协商治理是提升人民群众自治能力的基本模式。让人民群众不是在形式上而是在实质上成为自治的真正主角是提高自治能力的根本办法。①

法治是基层治理的"硬实力"。法治是新时代"枫桥经验"的鲜明特征。新时代"枫桥经验"之所以"新",最重要的原因是因为融入了法治元素。坚持和发展新时代"枫桥经验",要求全面提升社会治理法治化水平,大力培育法治化社会环境。一方面,坚持和发展新时代"枫桥经验",必须善于运用法治思维和法治方式。在基层治理中,我们要弘扬法治精神,扎实推进基层依法治理,形成办事依法、遇事找法、解决问题用法、化解矛盾靠法的良好法治环境。依法治理是法治社会形成的前提条件。所谓政府治理标准化,这个标准首先必须是法治的标准。另一方面,坚持和发展新时代"枫桥经验"应当成为基层法治建设的抓手。在基层治理中,我们要发动人民群众积极参与法治政府、法治社会建设,要让全体人民都成为社会主义法治的忠实崇尚者、自觉遵守者、坚定捍卫者,使尊法、信法、守法、用法、护法成为全体人民的共同追求。人民群众广泛参与的过程正是培养全社会法治意识、法治信仰和法治精神的过程。只有让人民群众真正成为法治社会的主体,全社会法治意识、法治信仰和法治精神的普遍形成才有真正的可能。

德治是基层治理的"软实力"。"实现人的全面发展"是共同富裕的目标。人的全面发展应当把道德素养放在首位。道德

---

① 参见钱弘道《法治社会构成的要件》,《民主与法制时报》2023年10月26日。

教化永远是社会长治久安的有效途径。孔子说:"老者安之,朋友信之,少者怀之。"(《论语·公治长》)孟子说:"出入相友,守望相助,疾病相扶持。"(《孟子·滕文公上》)这就是我们追求的理想状态。良好基层生态的形成,中国基层社会的成熟,一个重要指标是基层道德水平的全面提高。2019年10月,中共中央、国务院印发的《新时代公民道德建设实施纲要》强调:"加强公民道德建设是一项长期而紧迫、艰巨而复杂的任务";"推动全民道德素质和社会文明程度达到一个新高度"。[①]道德教化是坚持和发展新时代"枫桥经验"的重要方法。反过来,道德水平的提升也是坚持和发展新时代"枫桥经验"的目标。这就需要从弘扬社会主义核心价值观和中华优秀传统文化两方面发力。例如,家风、家教、家训是中国社会延续家业兴旺的三大传统,是修身、齐家、处世、治国的重要载体,也是不同时代塑造伦理道德的社会基因。像诸葛亮《诫子书》中的"夫君子之行,静以修身,俭以养德。非淡泊无以明志,非宁静无以致远",《钱氏家训》中的"心术不可得罪于天地,言行皆当无愧于圣贤""利在一身勿谋也,利在天下必谋之;利在一时固谋也,利在万世更谋之""信交朋友,惠普乡邻。恤寡矜孤,敬老怀幼"等内容就是中华优秀传统文化的浓缩表达。

智治是基层治理的"支撑力"。基层智治是运用数字化手段实现对矛盾纠纷等事项的闭环管理,推动群众事项一揽子调处、全链条解决,确保事事有部门承办、件件有人负责。数字

[①] 《新时代公民道德建设实施纲要》,2017年10月27日,中国政府网。

化改革是一项系统工程，是一项重大集成创新的硬核改革，是建设共同富裕示范区的核心动力，是推进治理体系和治理能力现代化的生动实践。智治是充分发挥新时代"枫桥经验"作用的抓手。化解基层社会矛盾纠纷要强化数字赋能、数据赋能。数字赋能、数据赋能有利于矛盾纠纷的源头预防，有利于矛盾纠纷的动态把握，有利于降低化解矛盾纠纷成本。《中共中央国务院关于加强基层治理体系和治理能力现代化建设的意见》要求："加快全国一体化政务服务平台建设，推动各地政务服务平台向乡镇（街道）延伸，建设开发智慧社区信息系统和简便应用软件，提高基层治理数字化智能化水平，提升政策宣传、民情沟通、便民服务效能，让数据多跑路、群众少跑腿。"[1] 中央网络安全和信息化委员会《"十四五"国家信息化规划》提出"构建共建共治共享的数字社会治理体系""打造协同高效的数字政府体系""构建普惠便捷的数字民生保障体系"[2]。在中央的统一部署下，各地加快了基层治理数字化步伐，应用场景不断拓展。例如，浙江省"基层治理一件事"集成改革就是借助数字化场景的创新拓展。这项改革针对跨领域、跨部门、跨层级的治理事项处置难、办理慢、办理繁等问题，在监管执法、应急管理、纠纷化解、平安建设等重点领域，选择一批重要、高频、急迫、多跨的基层治理"一件事"，通过数字赋能、流程再造、制度重塑，将若干相关联的治理事项集成为高效联办、闭环运转的"一件事"，努力实现基层治

---

[1]《中共中央 国务院关于加强基层治理体系和治理能力现代化建设的意见》，2021年7月11日，中国政府网。

[2]《"十四五"国家信息化规划》，2021年12月28日，中国政府网。

理效能最大化、成本最小化。数字化改革迭代升级正在对基层社会矛盾化解、基层治理体系和治理能力现代化产生深刻影响。

3. 以矛盾化解为基本内容

矛盾化解永远是"枫桥经验"的真经。"坚持矛盾不上交,就地解决"是"枫桥经验"原汁原味的内涵。坚持和发展新时代"枫桥经验"的要害就是防范风险、化解矛盾。"小事不出村、大事不出镇、矛盾不上交"就是矛盾化解指标的具体目标。

"枫桥经验"以改造人心为目标。"枫桥经验"是改造人的经验,是改造人心的经验。任何社会阶段的矛盾化解都是做"人"的工作,都是改造人心的事业。"枫桥经验"具有柔性特征,具有纠偏功能,避免了各种具体矛盾的激化。"枫桥经验"化解矛盾是一种理性选择,降低了矛盾化解成本。[①]

"枫桥经验"符合社会矛盾运动规律。对抗只是矛盾的一种形式,不能到处套用对抗公式。"枫桥经验"没有机械地套用对抗方式。"枫桥经验"基于矛盾实际,运用柔性化解模式解决了"四类分子"思想改造问题。"枫桥经验"能被运用于社会发展的各个阶段,一个重要原因是社会各个阶段的矛盾具有共性,即矛盾的可调和性。对抗性矛盾在一定条件下也可以通过斗争而得到调和,并且可以转化为非对抗性矛盾。矛盾既对立又统一的运动规律构成"枫桥经验"生命力的原动力。

---

① 参见钱弘道《论"枫桥经验"的起源和生命力》,《河北法学》2023年第12期。

"枫桥经验"的产生和发展适应了不同阶段的矛盾化解需求，正是符合矛盾运动规律的最好诠释。[①]

实现共同富裕目标的必然要求及时有效化解矛盾纠纷。转型期的中国，发展不均衡问题突出，收入分配差距拉大，就业形势严峻，腐败问题严重，各种社会问题错综复杂，各种社会矛盾层出不穷。这就要求坚持和发展新时代"枫桥经验"，畅通和规范群众诉求表达、利益协调、权益保障通道，加强矛盾排查和风险研判，完善社会矛盾纠纷多元预防调处化解综合机制。坚持和发展新时代"枫桥经验"，要求我们必须从源头化解矛盾纠纷，加强诉调对接，强化诉源治理，推动大调解格局的形成。诉源治理，是把非诉讼纠纷解决机制放在前面，推动更多法治力量向引导和疏导端用力，加强矛盾纠纷源头预防、前端化解、关口把控，完善预防性法律制度，从源头上减少诉讼增量。[②]习近平总书记指出："法治建设既要抓末端、治已病，更要抓前端、治未病。我国国情决定了我们不能成为'诉讼大国'。"[③] 2021年2月19日，中央全面深化改革委员会第十八次会议审议通过《关于加强诉源治理推动矛盾纠纷源头化解的意见》，旨在完善预防性法律制度及从源头上减少诉讼增量。近年来，全国各地在溯源治理方面取得了良好成效。例如，浙江省将诉源治理作为践行新时代"枫桥经验"、增进社会和谐、

[①] 参见钱弘道《论"枫桥经验"的起源和生命力》，《河北法学》2023年第12期。

[②] 参见钱弘道《诉源治理的基本内涵和数字化进路》，《人民法院报》2022年10月27日。

[③] 习近平：《坚定不移走中国特色社会主义法治道路 为全面建设社会主义现代化国家提供有力法治保障》，《人民日报》2020年11月18日，第1版。

提升人民群众司法获得感、实现省域治理现代化水平的重要举措，成效明显。浙江省已全面建成县级社会治理中心，形成了全链条化解矛盾的"信访超市"。

4. 以平安和谐为最终目标

坚持和发展新时代"枫桥经验"，目标是为了实现社会平安和谐，人民安居乐业。平安是人民群众幸福安康最基本的要求。平安是和谐的基础条件，和谐是平安的更高形态。

基层平安建设是一项固本强基的任务。深化平安建设，重点在基层，难点在基层。2004年，中共浙江省委决定建设"平安浙江"，在全国最早提出并全面部署涵盖经济、政治、文化和社会各领域"大平安"战略。习近平同志指出："小康社会是平安社会，富裕安定是人民群众的根本利益，致富与治安是领导干部的政治责任。"[①] 习近平同志强调要把创新发展"枫桥经验"贯穿于"平安浙江"的建设始终，使平安建设各项工作基础更扎实，成效更明显。由此开始，"枫桥经验"被赋予了新的内涵。"枫桥经验"从一般的化解矛盾的做法，上升到整个平安建设的抓手，实现了功能上的拓展。2005年，中共中央办公厅、国务院办公厅转发了中央政法委员会、中央社会治安综合治理委员会《关于深入开展平安建设的意见》。平安建设在全国全面推进。浙江省坚持发展"枫桥经验"，把深化"平安浙江"建设作为一把手工程，作为各级领导干部的第一责任，作为加强和创新群众工作的具体实践，形成了"一手抓经

[①] 参见《建设"平安浙江"促进和谐稳定——访中共浙江省委书记习近平》，《人民日报》2004年6月11日。

济发展、一手抓社会稳定"的良好格局,成为全国最平安的省份之一。

2013年,习近平总书记提出建设平安中国目标,要求把平安中国建设置于中国特色社会主义事业发展全局中来谋划,确保中国特色社会主义事业在和谐稳定的环境中推进。平安中国建设紧紧围绕完善和发展中国特色社会主义制度、推进国家治理体系和治理能力现代化的总目标,坚持系统治理、依法治理、综合治理、源头治理,确保人民安居乐业、社会安定有序、国家长治久安。新时代"枫桥经验"在有效疏导社会情绪、化解矛盾纠纷、管控社会风险、激发社会活力、实现"大平安"目标中发挥了重要作用。在新时代,人民群众对平安的期盼与要求越来越多样化,平安的内涵与外延越来越丰富。如何坚持以人民为中心,坚持和发展新时代"枫桥经验",确保平安,成为新时代的一个重大主题。

"和谐"是人类具有共同价值的概念。和谐代表了一种科学发展观。一个社会治理的终极目标是实现善治和谐。"和"是中国文化的一个特征,是中国从古至今的一种追求。早在殷商时期的甲骨文中就有了"和"字。中国传统"天人合一"就是人与自然的和谐。《论语》的"礼之用,和为贵"(《论语·学而篇》)、《道德经》"知和曰常,知常曰明"(《道德经》第五十五章)、《中庸》的"和也者,天下之达道也"(《中庸》第一章)、《荀子》的"万物各得其和以生,各得其养以成"(《荀子·天论》)等都体现了中国古人对和谐的美好追求。古希腊哲学家柏拉图的《理想国》、空想社会主义者傅立叶的《全世界和谐》、欧文的《新和谐公社》、魏特林的《和谐与自由的保证》等也都体现了其他国家人民对和谐的向往。和谐是人类的一种期待，符合世界人类发展的整个方向。和谐社会是人类孜孜以求的一种美好社会。

促进社会和谐是新时代"枫桥经验"的重要价值。化解矛盾纠纷，归根结底都是促进社会和谐。和谐社会的特征体现了新时代"枫桥经验"追求和实现的目标。和谐社会是马克思主义政党不懈追求的一种社会理想。党的十六大报告将社会更加和谐作为重要目标。党的十六届四中全会进一步提出构建社会主义和谐社会的任务。2018 年，"和谐美丽"目标载入宪法。和谐社会目标使新时代"枫桥经验"的目的性价值进一步得到彰显。新时代"枫桥经验"把和谐思想融入其中，把和谐社会作为终极目标。中国特色社会主义进入新时代，社会主要矛盾的变化对建设和谐社会的任务提出了更高要求，也对坚持和发展新时代"枫桥经验"提出了更高要求。

（三）新时代"枫桥经验"指数化和数字化

新时代"枫桥经验"指数是通过一套可以量化的指标衡量基层治理中坚持和发展新时代"枫桥经验"的状况。新时代"枫桥经验"指数监测平台是以数字化技术为支撑、以指数为工具的新时代"枫桥经验"行动和效果的评价场景。

1. 新时代"枫桥经验"指数化

浙江大学新时代枫桥经验研究院成立伊始，就整体规划如何深化"枫桥经验"研究、如何在全国推广新时代"枫桥经验"、如何在国际上讲好新时代"枫桥经验"故事。新时代"枫桥经验"指数作为"一号工程"隆重推出。新时代"枫桥经验"指数的意义在于，明确坚持和发展新时代"枫桥经验"的目标和任务，提供坚持和发展新时代"枫桥经验"的"抓手"。

在正式启动新时代"枫桥经验"指数项目以前，以浙江大学为带头单位的课题组完成全国首个县域法治指标体系设计，开展全国内地首个法治指数——杭州余杭法治指数、首个司法透明指数——湖州市吴兴区人民法院司法透明指数等指数的测评，并进而推动以实践为鲜明特征的中国法治实践学派的理论创新和发展。新时代"枫桥经验"指数项目是中国法治实践学派量化法治和数字法治行动计划的组成部分。[①]

课题组系统总结了"枫桥经验"的重大理论成果、实践成果、制度成果，广泛开展了大量调研和活动，整理消化了各方面反馈的意见和建议，从方法和效果两个维度对新时代"枫桥经验"进行定性定量分析和层层分解，设计出包括党的领导、人民主体、多元协同、"四治"融合、矛盾化解、平安和谐六大板块100多项指标的指标体系。指标体系突出了党的领导这个根本保证。政治引领、思想引领、组织引领、能力引领、工作引领构成二级指标。指标体系突出了人民主体这个价值核心。服务人民、依靠人民、人民满意构成二级指标。指标体系抓住了多元协同这个基本格局。政府负责、社会协同、公众参

[①] 2006年，在习近平同志主持和提议下，中共浙江省委作出《关于建设"法治浙江"的决定》。同年，钱弘道主持设计首个县域法治评估指标体系。2012年，钱弘道在中国法治国际会议上提出"中国法治实践学派"概念。

与构成二级指标。指标体系抓住了"四治"融合这个方法模式。自治强基、法治保障、德治教化、智治支撑构成二级指标。在本报告撰写中，考虑到整体逻辑结构的合理性，自治、法治、德治、智治均作为一级指标布局、指标体系彰显了矛盾化解这个主要特征。小事不出村、大事不出镇、矛盾不出县构成二级指标。指标体系彰显了平安和谐这个最终目标。政治安全、治安安全、经济安全、卫生安全、生态安全、生产安全、网络安全构成二级指标。新时代"枫桥经验"总体看，指标体系体现了新时代"枫桥经验"的准确定性，概括了新时代"枫桥经验"的基本元素，展现了新时代"枫桥经验"的整体风貌，具有鲜明的辨识度。2022年1月14日，在浙江大学、中共浙江省委政法委等单位主办的第三届新时代"枫桥经验"高端峰会上，课题组正式发布新时代"枫桥经验"指标体系。

新时代"枫桥经验"指标体系明确了坚持和发展新时代"枫桥经验"的目标和任务。新时代"枫桥经验"的核心任务是化解矛盾纠纷。新时代"枫桥经验"指标体系的设计满足了基层社会化解矛盾纠纷的需要。基层社会矛盾纠纷发生在各个领域。征地拆迁、民间借贷、劳资纠纷、企业改制、历史遗留、交通事故、医患矛盾、家庭婚姻、邻里纠纷、环境污染、土地流转等方面的矛盾纠纷长期高位运行或快速增长，矛盾冲突因素和表现方式日趋复杂。对化解矛盾纠纷的相关工作进行定性定量分析，找出共性和个性，根据法律法规有关规定，制订指标和量化考核标准，进行动态评估，是坚持和发展新时代"枫桥经验"的创新举措。新时代"枫桥经验"指标化和标准化包含了价值分析、目标分析、效果评价。实践表明，指标化和标准化工作有助于基层领导干部调整理念，理清头绪，明确目标，细化内容，精准决策，把握效果。

2022年，浙江大学新时代枫桥经验研究院启动浙江省新时代"枫桥经验"指数样本县测评工作。新时代"枫桥经验"指数样本县测评通过各地样本推荐、广泛调研、数据抓取、人民群众满意度调查、专家评审等步骤完成。2022年11月25日，在第四届新时代"枫桥经验"高端峰会上，浙江大学新时代枫桥经验研究院正式发布2022年浙江省新时代"枫桥经验"指数样本县测评结果。2022年浙江省新时代"枫桥经验"指数样本县是：杭州富阳区，衢州衢江区，宁波象山县，湖州安吉县，丽水青田县，绍兴上虞区，嘉兴桐乡市，金华永康市，台州路桥区，舟山普陀区，温州瓯海区。本次测评不公开排名，样本县排名不分先后，最高分是85.46分，最低分是81.27分，平均分是83.31分。各个样本县在六大板块专项指数中都有出色表现，表明"枫桥经验"经过59年的坚持和发展，在基层治理中初步形成一种良好格局。根据长期的理论界和实务界协同创新情况，课题组设立了一个协同创新样本：新时代"枫桥经验"指数场景应用试验样本——绍兴诸暨市。诸暨市与浙江大学在新时代"枫桥经验"数字化方面协同创新，取得良好成效，长期来坚持和发展新时代"枫桥经验"，推广新时代"枫桥经验"，基层治理工作走在全国前列。[①]

2023年，为了迎接"枫桥经验"60周年，课题组开展新时代"枫桥经验"指数全国样本县测评，同时出版《中国新时

---

① 参见钱弘道《新时代"枫桥经验"指数化和数字化》，"学习强国"学习平台，2022年12月14日。

代"枫桥经验"指数报告》白皮书，作为向"枫桥经验"60周年纪念大会的献礼。白皮书呈现样本县数据，叙述样本县故事，传播样本县经验。

2. 新时代"枫桥经验"数字化

新时代"枫桥经验"应用场景建设是浙江大学新时代枫桥经验研究院"一号工程"的组成部分。通过新时代"枫桥经验"数字化推进基层治理现代化也是中国法治实践学派数字法治行动计划的具体举措。新时代"枫桥经验"应用场景建设具体由评价场景和业务场景两部分构成。

新时代"枫桥经验"指数监测平台是评价场景。新时代"枫桥经验"指数监测平台在全国属于首创。浙江大学联合阿里云、天阙、信产、华为、超级码、华院计算、非线数联、航天神州等技术单位联合攻关，研发设计了新时代"枫桥经验"指数监测平台。新时代"枫桥经验"指数监测平台主体内容按指标定性分为党的领导、人民主体、多元协同、"四治"融合、矛盾化解、平安和谐六大板块，每个板块按指标细分形成监测切口。监测平台链接民调"枫桥经验码"和"法治码"。监测平台具有数据分析和预警功能，实行动态监测。新时代"枫桥经验"指数监测平台链接法治指数监测平台，实现两大指数场景贯通。2022年，在第四届新时代"枫桥经验"高端峰会上，新时代"枫桥经验"指数监测平台进行了上线演示。新时代"枫桥经验"指数监测平台改变了传统人工测评方式，充分运用技术手段，实现动态测评，及时回应了数字化改革的需求。新时代"枫桥经验"监测平台的研发和应用是坚持和发展新时代"枫桥经验"、推进基层治理数字化的典型样本。新时代"枫桥经验"指数为基层智治设计了科学合理的逻辑架构,指明了基层治理数字化的发展方向。指标体系就是逻辑架构。指数即规范,指数即决策,指数即方向。

新时代"枫桥经验"指数监测平台以诸暨市作为样本进行试验。课题组充分运用大数据、人工智能等新技术,构建新时代"枫桥经验"指数全流程闭环平台,实时评估县域治理动态,实时监测全县、部门、街镇、村社治理状况,及时梳理、汇总、分析民众问题诉求和治理短板,及时生成风险预警,及时解决问题、化解矛盾、补齐短板。

基层智治系统集成是业务场景。新时代"枫桥经验"指数业务场景是在集成现有数字化平台基础上的创新。课题组设计了基层智治集成系统模型,旨在实现评价场景与业务场景的贯通,并通过评价场景优化业务场景。该模型是从顶层逻辑上系统规划基层治理数字化,形成基层治理一盘棋,实现各部门业务数据贯通、功能互补和高效协同,实现基层智治系统迭代升级,形成以新时代"枫桥经验"指数为评价标准、基层智治系统集成为治理工具的新格局。按照上述集成系统模型,以新时代"枫桥经验"指数数字化为"大脑"的基层智治系统能够实现统一顶层规划、统一整体架构,信息共享、互联互通,突破区划、部门、行业界限和体制性障碍,充分整合基础设施资源、公共信息资源和终端资源,带动全社会信息资源的广度归集整合、深度开发利用,最大程度地发挥信息资源的价值和信息化效益,对基层治理数字化会产生"风向标"的作用。

基层智治系统集成是在基础设施和各类人工智能分析能力的支撑下，建构一个"1+1+N"的智治体系。第一，1套新时代"枫桥经验"指标体系。新时代"枫桥经验"指标体系与县域法治指标体系互为补充。新时代"枫桥经验"本身要实现法治化，指标体系包括法治指标。坚持和发展新时代"枫桥经验"是法治建设的抓手，又成为推进法治建设的组成部分。第二，1个基层智治系统。基层智治系统的目标是迭代升级现有基层智治业务平台，与新时代"枫桥经验"监测平台实现逻辑自洽，形成县（市区）、镇街、村社三级基层治理业务应用体系。第三，N个场景应用。根据新时代"枫桥经验"指标体系，研发设计更具体的业务场景切口，实现指数与部门业务的关联，"对症下药"，高效解决基层治理问题，补足基层治理短板，推动部门业务创新。

二　党的领导

新时代"枫桥经验"是党领导人民创造的一套经过实践检验、极具成效的基层社会治理方案，是新时代推进社会治理现代化必须坚持与发扬的"金字招牌"。"枫桥经验"之所以能够永葆生机活力，最根本的原因在于把党的领导落实到了基层，使党组织成为基层社会治理的"领头雁"。"枫桥经验"始终以坚持党的领导为根本原则，并将党的领导贯彻落实在基层治理的方方面面，其重心演变、内涵拓展、运用发展都是在坚持党的领导下进行的。党的领导是"枫桥经验"得以丰富和发展的政治保障。新时代"枫桥经验"所体现的治理理念、治理原则、治理方式都围绕着党的领导展开。新时代"枫桥经验"以党的领导为基础、为方向、为根本，以党组织为核心，发挥集中力量、上下覆盖的优势，落实党的政策和号召，将党的政治优势转化到治理效能的提升上，并依靠群众力量不断创新治理方式。

"党的领导"作为新时代"枫桥经验"的一级指标，下设政治引领、思想引领、组织引领、能力引领、工作引领五个二级指标，体现了"党的领导"在基层社会治理中的核心目标与着力方向。①

（一）指标释义

1. 政治引领

"政治引领"是指基层党组织在上级党组织的领导下，坚持政治原则，贯彻中央政治方针和政治路线，把握基层社会治理的政治方向，确保基层社会治理不脱离正确轨道。坚持正确的政治方向至关重要，政治方向直接关系到基层社会治理的政治立场。政治方向是基层社会治理的指南针，是基层社会治理不偏离社会主义轨道的根本保证。②

坚持和发展新时代"枫桥经验"，要求牢固树立中国特色社会主义的道路自信、理论自信、制度自信、文化自信，确保基层社会治理始终沿着正确方向前进。否则，新时代"枫桥经验"就会成为无源之水、无本之木。

坚持和发展新时代"枫桥经验"，要求始终坚持党的路线、方针和政策，坚持讲政治、讲大局、讲担当，自觉在思想上、政治上、行动上同党中央保持高度一致。基层党组织在关键时刻和关键问题上主动发声，在风口浪尖上敢抓敢管，牢牢把握正确导向。

坚持和发展新时代"枫桥经验"，要求自觉坚持党性原则，

---

① "党的领导"部分参见中国法学会"枫桥经验"理论总结和经验提升课题组《"枫桥经验"的理论构建》第二章"'枫桥经验'的概念和基本元素"，该章执笔人钱弘道，下同，法律出版社2018年版，第29页。

② 参见中国法学会"枫桥经验"理论总结和经验提升课题组《"枫桥经验"的理论构建》，法律出版社2018年版，第29页。

坚守党的纪律,始终同人民群众保持密切联系。新时代"枫桥经验"的基本精神体现了党委领导下的群众路线,体现了我们党正确处理人民内部矛盾的方法策略,体现了我们党坚持实事求是、一切从实际出发的思想路线,体现了新时代下我们党关于基层社会治理的指导思想。[①]

2. 思想引领

"思想引领"是基层党组织在理论观点、思想方法及精神状态方面的引领,就是坚持以马克思列宁主义、毛泽东思想、邓小平理论、"三个代表"重要思想、科学发展观、习近平新时代中国特色社会主义思想为指导,教育和武装广大党员和人民群众,向人民群众宣传党的路线、方针、政策,把党的主张变为人民群众的自觉行动。基层党组织的思想引领是政治引领、组织引领的前提和基础。思想是本,行动是形,本正则形立。我们党历经艰难困苦,仍然能够不断创造新辉煌的重要原因就是始终重视思想建党、理论强党。

坚持和发展新时代"枫桥经验",要求党员干部用思想理论武装头脑,以思想自觉引领行动自觉。思想引领的关键是党员干部要把深化学习摆在首位,尤其是要将学习习近平新时代中国特色社会主义思想放在首位,认真领会其核心要义,掌握其精神实质,把其中的立场、观点、方法充分运用到基层社会工作中,做到学而信、学而用、学而行,拧紧思想上的"总开关",做真抓实干的模范。

[①] 参见中国法学会"枫桥经验"理论总结和经验提升课题组《"枫桥经验"的理论构建》,法律出版社2018年版,第29页。

坚持和发展新时代"枫桥经验",要求党员干部提高自己的思想素质,通过提高思想素质实现素质引领。这就要求每个基层党员干部必须坚定信仰,树立理想,树立正确的价值观念,提高思想认识、思想觉悟和道德水平。从本源上讲,党的思想引领力来源于对理想的执着和对信仰的坚定。

坚持和发展新时代"枫桥经验",要求以党员自觉引领群众自觉。这就要求每个党员干部在武装自己头脑的同时武装人民群众的头脑,引领人民群众积极参与基层社会治理,提高人民群众参与基层社会治理的思想素质,让人民群众真正成为基层社会治理的主人。[①]

3. 组织引领

"组织引领"就是通过基层党组织、党的干部和广大党员,组织和带领人民群众共同推进基层社会治理。党的组织引领将党的政治引领、思想引领落到实处。基层党组织的组织引领能力决定了政治引领的强度,也决定了思想引领的高度。健康向上充满活力的基层党组织能够充分向群众展现中央政治方针和政治路线的正确性,能够使党的思想焕发魅力,更能让党的思想在人民群众中生根发芽。

新时代"枫桥经验"中党的组织引领表现在对基层治理工作的组织领导上。基层党组织坚持以基层党建统领基层社会治理,充分发挥自觉性和主动性,强化党群联动、干群联动,把党的领导体现在基层社会治理的最末梢;党委充分发挥总揽全

[①] 参见中国法学会"枫桥经验"理论总结和经验提升课题组《"枫桥经验"的理论构建》,法律出版社 2018 年版,第 30 页。

局、协调各方的领导核心作用，着力形成党政主要领导亲自抓、分管领导具体抓、有关领导共同抓的基层社会治理领导格局；不断完善政法委抓组织协调、政法各部门密切配合、各有关部门各司其职、群团组织积极发挥作用、广大群众自觉参与的工作机制，构筑起基层社会治理的科学体系。

新时代"枫桥经验"中党的组织引领也表现在基层党组织和党员队伍的自身建设上。通过发挥基层党组织的战斗堡垒作用和党员的先锋模范作用，引领人民群众和社会各方力量广泛参与基层治理实践。在基层社会治理中，加强基层党组织领导班子建设、干部队伍建设和党员队伍建设尤为重要。共产党员是基层党组织的主体。基层党组织的引领作用必须扎扎实实地落实到每一个党员带头参与基层社会治理的行动上。例如，诸暨市发布《关于建立村支部书记抓党建责任清单二十条的通知》，明确将村支部书记作为抓党建责任清单的主体，将组织引领纳入其考核机制，对年末考核排在末五位的视情况进行诫勉谈话、通报批评，直至启动免职程序。

新时代"枫桥经验"中党的组织引领还表现在坚持重心向基层下移、人员向基层挪动，加深党同人民群众的血肉联系上。例如，诸暨市在全市推行党员干部"一线工作法"，实行干部包村、驻村、联户制度，全市驻村干部进村入户率达95%。通过重心下移，强化基层党组织对基层社会治理的统领，坚持把党的政治优势、组织优势转化为治理优势。[①]

---

① 参见中国法学会"枫桥经验"理论总结和经验提升课题组《"枫桥经验"的理论构建》，法律出版社 2018 年版，第 31 页。

4. 能力引领

"能力引领"是指在基层社会治理中要不断提升党的治理能力。能力引领是党在新时代解决基层矛盾、提升基层治理效能、优化执政水平的重要发力方向。党的执政能力和领导水平直接决定和影响国家治理能力。只有不断健全提高党的执政能力和领导水平，提高党科学执政、民主执政、依法执政的能力和水平，才能更好地推进国家治理能力建设，增强运用中国特色社会主义制度有效治理国家的能力，把我国的制度优势更好转化为国家治理效能。[1] 坚持能力引领，是实现基层治理体系和治理能力现代化的重要保障。

新时代"枫桥经验"中党的能力引领要求不断健全党的决策机制，加强重大决策的调查研究、科学论证、风险评估，强化决策执行、评估、监督，确保决策科学、执行坚决、监督有力。通过健全决策评估论证机制、完善决策督查和反馈机制、加强决策执行跟踪机制、完善重大决策终身责任追究制度及责任倒查机制，以科学、刚性的决策制度规范决策行为，不断提高决策质量，努力控制决策风险，及时纠正不当决策，增强各级党组织的公信力和决策执行力。

新时代"枫桥经验"中党的能力引领要求增强基层党组织政治功能和组织能力，改进党的领导方式和执政方式，认真贯彻落实党的组织路线，完善基层党组织政治属性和政治功能的相关制度。针对一些基层党组织弱化、虚化、边缘化问题，要

---

[1] 参见石泰峰《健全提高党的执政能力和领导水平制度》，《人民日报》2019年12月3日，第3版。

坚持完善打基础、补短板、强弱项的制度机制，持续整顿软弱涣散基层党组织，优化组织设置，创新活动方式，扩大基层党的组织覆盖和工作覆盖，统筹推进企业、农村、机关、事业单位、社区、社会组织等各领域党建工作，推动基层党组织全面进步、全面过硬。

新时代"枫桥经验"中党的能力引领还要求全面增强各级领导干部执政本领，不断增强领导干部学习本领、政治领导本领、改革创新本领、科学发展本领、依法执政本领、群众工作本领、狠抓落实本领、驾驭风险本领，发扬斗争精神，增强斗争本领；不断提高党和国家机关、企事业单位、人民团体、社会组织的工作能力。[①]

5. 工作引领

"工作引领"强调实现基层社会治理中党建工作与业务工作的有机统一。党建工作和业务工作变一起谋划、一起部署、一起落实、一起检查。基层治理应当坚持党建工作和业务工作目标同向、部署同步、工作同力。

新时代"枫桥经验"中党的工作引领要以基层社会治理的目标为导向，在基层社会治理实践中通盘考虑各方面情况，统筹兼顾、一体推进，党建工作紧密结合业务工作，通过党建工作引领和推动业务工作，以业务工作实效来检验党建工作成效，实现党建工作与业务工作同向聚合、深度融合。针对基层

[①] 参见习近平《决胜全面建成小康社会 夺取新时代中国特色社会主义伟大胜利——在中国共产党第十九次全国代表大会上的报告》，《中国共产党第十九次全国代表大会文件汇编》，人民出版社2017年版，第54—55页。

党组织工作存在的廉政风险点，基层党建工作要有的放矢，加强思想建设、作风建设、制度建设，使党员干部不敢腐、不能腐、不想腐，确保党员干部干净干事。党组织面对基层治理工作中的急难险重任务时，要充分发挥党员干部的重要作用，使党员干部在关键时刻冲得上去、在危急关头豁得出来，充分发挥先锋模范作用，推动基层治理更好发展，提升基层服务能力，更好地团结群众力量。

新时代"枫桥经验"中党的工作引领要求构建党建工作和业务工作互融共进、同向发力的制度保障。党建和业务的深度融合、长效融合是一项系统工程。将党建工作与业务工作深度融合的成功经验和有效做法应当及时上升为制度。促进党建工作机制更加精准对接业务发展所需，做到业务工作开展到哪里、党建工作就延伸到哪里，把党的领导融入业务工作全过程。工作引领要求完善党建考核评价体系，完善党建工作和业务工作联动考核评价机制，发挥考核的风向标、指挥棒、助推器作用，使党建工作与业务工作相互促进。[1]

新时代"枫桥经验"中党的工作引领强调不断创新党建工作在基层社会治理中的资源配置机制，促进基层社会治理业务工作效能提升。基层社会治理资源得到有效配置，方能凝聚合力，提升基层社会治理效能。一方面，要以党建工作加强资源整合，推动社会治理资源向基层倾斜；另一方面，要在基层党建业务和业务工作中融入数字化手段，充分利用互联网、大数据、人工智能等各类技术手段，整合条线功能，打破信息壁

---

[1] 参见中央和国家机关工委《关于破解"两张皮"问题推动中央和国家机关党建和业务工作深度融合的意见》，《机关党建研究》2020年第11期，第7—8页。

垒，将智慧党建融入基层治理的各项业务工作中。[1]

（二）数据分析

1. 党的领导数据的整体分析

"党的领导"一级指标和二级指标的平均分、中位数、最高分、最低分可基本体现样本县在基层社会治理中党的领导的整体状况。各地"党的领导"一级指标平均得分相对较高，中位数及平均数均大于 86 分，处于良好以上水平。数据表明，样本县在坚持和发展新时代"枫桥经验"中整体都能够坚持党的领导这一根本原则和核心内容，党在社会基层治理中具有坚强的领导力。各地以坚持党的领导来贯彻落实党中央决策部署的社会治理"最后一公里"，在基层党组织建设和党的全面领导方面取得了较好的效果。

表 2.1　　"党的领导"一级/二级指标得分情况

指标名称	平均分	中位数	最高分	最低分
党的领导（一级）	86.21	86.67	96.67	80.00
政治引领（二级）	90.60	90.00	100.00	80.00
能力引领（二级）	83.86	80.00	100.00	80.00
思想引领（二级）	89.79	90.00	100.00	80.00
工作引领（二级）	92.39	90.00	100.00	60.00
组织引领（二级）	84.77	80.00	100.00	80.00

---

[1] 参见仲兵、李潇翔《以"四个强化"推进党建引领基层治理》，《学习时报》2023 年 6 月 16 日，第 3 版。

政治引领、思想引领、工作引领三个二级指标平均分相对较高，均高于一级指标党的领导平均分，且都接近或超过90分，相较于组织引领、能力引领两个二级指标，表现更加突出。这反映出各地普遍突出基层党组织建设在社会治理中的引领作用。

组织引领、能力引领两个二级指标得分低于其他三个指标平均分，表明各地在坚持和发展新时代"枫桥经验"的过程中，需要不断提升党的组织能力和工作能力，及时适应快速变化的基层矛盾情况和人民群众需求。

党的领导一级指标综合得分90分以上的样本县约占27%，80分以上的占100%，全国样本县良好率100%。

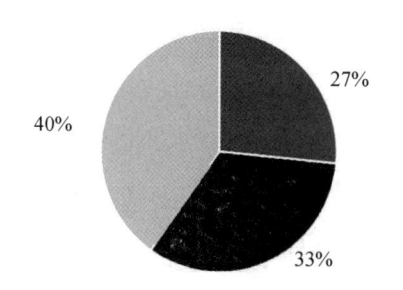

图2.1 "党的领导"一级指标得分分布图

总体上看，在基层社会治理中，样本县都能够始终将党的领导核心作用贯穿于全过程和各方面，并在实践中取得了良好成效，但存在差异和不平衡状况。一些地方还需不断提升基层党组织的组织能力、领导能力和治理能力，大力推进党的领导下的基层社会治理现代化。

课题组对全国样本县进行地区划分，对全国及各地区"党的领导"一级指标平均得分进行分析。

表 2.2　全国各地区"党的领导"一级指标平均分

地区	平均分
全国	86.00
华东	87.85
华南	87.17
华北	86.79
华中	85.78
西南	84.89
东北	84.55
西北	86.15

华东及华南地区党的领导一级指标平均分别为 87.65 分及 87.17 分，反映出华东、华南地区在基层社会治理中对党的领导的重视程度更高。相关资料表明，华东、华南地区坚持从实际出发，结合自身特色构建基层社会治理服务新格局，形成了一套在党的领导下符合自身发展需求且不断发展完善的基层社会治理体系。从客观实际看，华东、华南地区的一些样本县基层社会治理及乡村振兴工作走在全国前列。例如，浙江省湖州市安吉县作为"两山"理念和"余村经验"的发源地，多年来坚持"红色引领、绿色发展"，坚持发挥党建引领在社会治理中的支柱作用，为新时代乡村治理提供了示范样本。

从省域角度来看，部分省域党的领导一级指标得分超过 90 分的样本县数量超过 2 个，见表 2.3：

表 2.3　各省域"党的领导"一级指标得分 90 以上县个数

省份	90 分以上区县个数/个
北京市	3
上海市	2
浙江省	4
江苏省	2
海南省	3
江西省	2
湖北省	2
内蒙古自治区	2
宁夏回族自治区	2

得分高于 90 分的样本县密集分布于浙江省（4 个）、北京市（3 个）、海南省（3 个）、上海市（2 个）、江苏省（2 个）、江西省（2 个）、湖北省（2 个）、内蒙古自治区（2 个）、宁夏回族自治区（2 个）等。这些省份基本包揽了所有得分 90 分以上样本县数量的 70%。上述数据反映了这些省份在基层社会治理中对坚持党的领导、提升党的领导能力的重视程度，以及基层政府坚持党的领导的态度和效果。浙江省、北京市、海南省的样本县在党的领导方面表现出色。这些地区在实践工作中也因地制宜、切实有效地创造了各种坚持党领导的实践路径和方法。

2. 党的领导若干单项指标分析

（1）社会组织党组织覆盖率

"社会组织党组织建设覆盖率"用来衡量社会组织党的建

设状况。测评数据显示，53%的样本县该指标得分在90分以上，良好率100%。一些样本县表现突出，例如上海市徐汇区、浙江省绍兴市上虞区、湖南省长沙市长沙县、湖北省黄石市大冶县、青海省西宁市湟中区。浙江省舟山市普陀区、四川省凉山彝族自治区西昌市、上海市黄浦区、山东省青岛市胶州市等样本县的社会组织党组织覆盖率都在95%以上。这表明在基层社会治理中，各地重视党的组织体系建设，并对社会组织领域的党建工作保持常态化重视，有效地保证了党的领导及社会组织的健康发展。

（2）省级示范党群服务中心数量

"省级示范党群服务中心的数量"可以用来考察地区基层党群服务中心的建设水平，评估样本县能否真正做到党群服务中心布局合理、功能完备、互联互通，能否较好地发挥基层党组织政治引领、加强治理、凝聚力量、为民服务的功能。

表2.4　　"示范党群服务中心数量"指标得分情况

地区分布	平均分	最高分	最低分
华东	96.32	100	92
华南	96.15	100	91
华北	95.45	100	90
东北	94.25	100	87
华中	94.50	100	88
西北	92.25	100	85
西南	93.78	100	85

全国各地区样本县"省级示范党群服务中心数量"指标得分平均分均高于90分，表明当前全国范围内都较为重视党群服务中心的建设，并且涌现了一大批具有当地特色或品牌化模式的示范党群服务中心，通过党群服务中心齐心协力服务党员群众，不断凝聚党心、政心与民心。例如，浙江省湖州市安吉县拥有3个省级示范党群服务中心；贵州省毕节市织金县、安徽省合肥市肥西县、云南省昆明市石林县等样本县现有2个省级示范党群服务中心，且都在不断推进省级示范党群服务中心创建工作，努力提升党群服务阵地体系服务功能。

华东、华南地区平均分较高，西北、西南地区平均分相对较低，可见党群服务中心建设能力及数量地区间差异较大。一些样本县应当因地制宜地进行党群服务中心实践探索，明确党群服务中心架构设置，加强资源整合，优化中心服务项目顶层设计，不断提升党群服务中心服务水平和质量，打造更多具有当地特色的示范党群服务中心。

（3）党的规范性文件备案审查纠错率

"党的规范性文件备案审查纠错率"用来考察党的领导下依规依法治党水平。

表2.5 "党的规范性文件备案审查纠错率"数据情况

平均分	84.39
中位数	84
最高分	100
最低分	80
优秀率	23.33%

样本县党的规范性文件备案审查纠错率得分良好率100%，表明全国样本县都能坚持维护党内法规和党的政策的统一性、权威性，不断规范党内法规和规范性文件备案审查工作。例如，宁夏回族自治区吴忠市党的规范性文件备案纠错率2.5%，浙江省温州市瓯海区2.36%，北京市海淀区2%等，有相当一部分样本县在党的规范性文件备案审查率接近100%的情况下，备案纠错率低于5%。测评样本县中优秀率为23.33%，而且仍有很大一批样本县的党的规范性文件备案纠错率高于10%，表明这些样本县此项指标整体得分仍有很大提升空间，各地应进一步加大规范性文件备案审查的工作力度，同时不断提升党的规范性文件的合法性、合规性与科学性，严格依规依法治党。

（4）清廉村居创建率

清廉村居建设是党风廉政建设向基层的延伸。建设清廉村居，能为社会基层治理绘就廉洁底色，注入廉洁动力。"清廉村居创建率"用来考察基层党风廉政建设状况。

样本县清廉村居创建优秀率50%，良好率96%，表明样本县基本都能够做到将党的清廉建设融入基层社会治理格局，扎实开展驻村纪检监督，紧扣新时代廉洁文化建设。其中，江苏省苏州市张家港市清廉村居创建率96.47%，浙江省台州市路桥区92.59%，湖北省仙桃市、北京市西城区、云南省楚雄彝族自治州牟定县、浙江省杭州市富阳区等都在90%以上，这些样本县的清廉村居建设规划值得其他地区参考。

数据显示，还有4%的样本县清廉村居创建率得分未达良好水平，其中部分样本县的清廉村居创建率低于60%。这些样本县应当积极借鉴全国优秀清廉村居实践经验，加强村域清廉

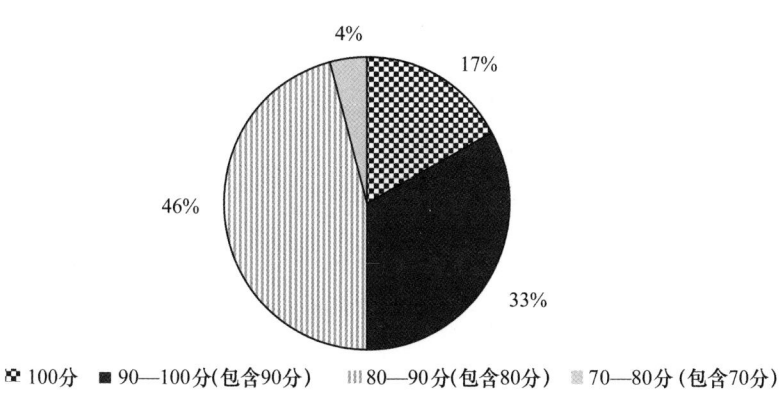

图 2.2　清廉村居创建率得分占比

建设，将清廉村居建设作为基层治理系统工程的重要环节。推进清廉村居建设，既要统一建设标准和目标，又要因村施策，突出个性，打造自己的清廉村居品牌特色，以风清气正的党内生态为基层社会治理赋能蓄力。

3. 党的领导指标的相关思考

数据表明，样本县在坚持党的领导方面整体工作出色，但强化党的组织引领和能力引领仍是各地今后坚持党的领导方面需要发力的两个方面。

一方面，建好建强基层党组织，为基层社会治理提供有力组织保障。基层组织是党落实理论方针政策的神经末梢和根系所在。只有基层组织牢固，我们党的执政基础才能牢固。要建好建强基层党组织，就要健全完善工作机制，明确各级党组织的责任，细化各项工作任务，定期对基层党组织的工作进行回顾、总结、研究，通过科学合理的考核进行跟踪问效。要建好建强基层党组织，还要推进党支部规范化建设全覆盖，全面提高基层党组织日常管理工作的规范化、科学化水平，推动基层党组织各项工作规范化，健全完善党领导下的社区民主自治机制，充分保障党员群众合法权益。[①]

另一方面，全面提升党员干部能力水平，为基层社会治理提供可靠队伍保障。首先，必须切实加强和改进党员队伍建设。严格做好干部选择，要从严管理队伍，加强干部培训，持续优化干部结构，为实现乡村振兴和基层治理奠定坚实的人才基础。其次，基层党建创新需要符合实际情况，针对核心问题进行深入分析，研究参考先进基层治理样本经验，注重创新实践与总结优化。再次，应重视数字化手段在党建工作中的应用，逐步建设统一的智慧党建平台，包括党员信息及党组织管理平台、党务公开平台、党务创新学习宣传平台等，特别是建立党建指数监测平台，运用大数据技术，建立可视化的决策系统，实现对党建工作的全面监测和管理，为决策层提供科学合理的决策依据和及时精确的风险预警。在数字化时代下，智慧党建将成为党建工作的新趋势，为优化工作流程、提高工作效率、推动党建工作全面进步全面过硬提供坚实的基础和保障。

（三）样本县经验——浙江安吉

安吉县隶属浙江省湖州市，位于浙江省西北部，建县于汉中平二年（185年），取《诗经》"安且吉兮"之意得名。安吉

[①] 参见中共中央办公厅《关于加强和改进城市基层党的建设工作的意见》，《人民日报》2019年5月9日，第4版。

是习近平总书记"绿水青山就是金山银山"重要理念诞生地，是中国美丽乡村发源地，也是浙江高质量发展建设共同富裕示范区首批试点地区之一。余村位于安吉县天荒坪镇，是天荒坪风景名胜区竹海景区所在地。村域群山环抱，秀竹连绵，植被覆盖率高达96%。近年来，安吉积极践行"绿水青山就是金山银山"理念，坚持和发展新时代"枫桥经验"，着力建设"村强、民富、景美、人和"中国最美县域村庄样板，探索形成了以"八个村"为主要特征的乡村治理"余村经验"，为推进农村基层治理现代化提供了生动范例。

1. "余村经验"的形成

2005年8月15日，时任浙江省委书记的习近平同志到安吉调研"法治浙江"建设，对余村推进民主选举、民主决策、民主管理、民主监督的做法予以充分肯定，尤其是对余村通过民主决策关停矿山、走绿色发展之路的做法给予了高度评价，称其为"高明之举"。同时，习近平同志站在新的历史起点上，从分析一个县域、村域入手，指出要推进人与自然的和谐、人与人的和谐、人与经济发展的和谐，建设一个更加和谐的安吉。

2018年4月，习近平总书记在司法部法制宣传司报送的《新时代乡村治理的"余村经验"》上作出重要批示："可派人深入调研，总结提炼余村经验之价值。"同年5月，中宣部调研组在广泛调研和深入分析的基础上，形成了关于"余村经验"的调研报告，将余村开展乡村治理的做法概括为六个方面：一是党建为引领，锻造一个坚强有力的领导班子；二是践行"两山"论，找到一条适合村情的致富道路；三是事情商量办，形成一套广泛参与的民主制度；四是信法不信访，坚持一个守法用法的基本理念；五是文明树新风，营造一个崇德向善的浓厚氛围；六是管理精细化，编制一张灵敏高效的综治网络。同时，该报告系统归纳提炼了"余村经验"的八个方面表现：一是支部带村；二是发展强村；三是民主管村；四是依法治村；五是道德润村；六是生态美村；七是平安护村；八是清廉正村。

2020年3月30日，习近平总书记再次来到安吉，调研余村和安吉县社会矛盾纠纷调处化解中心，肯定安吉和余村的做法，提出了"再接再厉、顺势而为、乘胜前进"的新期待新要求。

2. "余村经验"的关键元素

"余村经验"的关键元素是坚持党的领导。安吉以余村经验为蓝本，始终强化红色引领、党建赋能，探索走出了一条党组织领导下自治、法治、德治相结合的乡村善治之路。

第一，清单管理，让党建责任实起来。全面落实农村党建工作"三张清单一张表"机制，在村党组织书记层面建立抓基层党建责任清单、问题清单、任务清单和工作报表，在党员层面建立民主议事、责任落实、党性体检"三张清单"，推行村党组织书记向乡镇（街道）党委述职制度，推广"学重质、议重责、做重实、评重真、带重效"党建五步法，确保党建责任层层压实、形成闭环。

第二，网格覆盖，让党建阵地强起来。全面构建"村党组织+党小组之家+网格"的组织架构,实现了党群服务中心、"群众说事室""党小组之家"全覆盖,有效促进"基层党建网、民生服务网、平安建设网"有机互联,推动基层党组织体系与基层治理体系深度融合,充分释放党组织统筹农村治理工作的政治引领力。同时,在全国率先发布《美丽党建工作规范》地方标准,扎实推进"美丽党建"强基行动,创建市级党建先锋示范村24个,县级党建先锋示范村48个。

第三,头雁引领,让党建细胞活起来。全面实施"两山雄鹰"计划,推行强村富民指数和强村榜,打好"强基育星"月谈、"雄鹰擂台"季赛、"三鹰"先进年评、村社干部实绩"双评"等组合拳,培育农村发展领头雁,其中涌现了全国优秀共产党员、浙江省"十大强基先锋——黄杜村党总支书记盛阿伟,改革先锋——余村原党支部书记鲍新民,中央组织部全国7个党员学习榜样之一鲁家村党委书记朱仁斌等一批好书记群体。同时,常态化开展生态主题党日等活动,建立健全党员包干联户、联系服务群众机制,编制《党员先锋手册》,确立"五带头十不准"党员行为准则,推动党员"亮身份、作承诺、比贡献",有效发挥先锋模范作用。

3. "余村经验"的示范意义

"余村经验"是新时代"枫桥经验"的典型实践样本。"余村经验"和新时代"枫桥经验"的内涵高度契合,在组织引领上都强调坚持党的领导,在实践主体上都强调人民群众广泛参与,在工作指向上都强调矛盾纠纷就地化解,努力实现"小事不出村、大事不出镇、矛盾不上交"。

"余村经验"在实践中的示范意义已经充分显现。从余村一个点看,通过在"两山"转化上发力、在乡村治理上破题,余村先后获评全国民主法治村、全国先进基层党组织等一系列荣誉,不仅自身实现了从"美丽乡村"到"和美乡村"的探索和跨越,而且联动周边3个乡镇、17个村共同打造高能级、现代化、国际范的"大余村",开创了以"数字赋能、美丽加分"为主要特色的乡村新经济。从安吉乃至湖州一个面来看,"余村经验"持续向县域市域推广放大,推动了乡村治理整体水平的不断提升。2017年,湖州市发布全国首个《美丽乡村民主法治建设规范》市级地方标准。2020年10月,湖州市颁布实施了全国首部法治乡村建设地方性法规《湖州市法治乡村建设条例》。"美丽乡村、无法不美"不仅成为湖州法治乡村建设的独特品牌,更为湖州全面实施乡村振兴战略注入了源头活水,奠定了坚实基础。截至2022年底,湖州已在全省率先实现省级美丽乡村示范县全覆盖,实施乡村振兴战略实绩考核连续三年全省第一,数字乡村发展水平均连续四年全省第一,农业现代化综合评价连续六年全省第一,城乡居民收入倍差缩小至1.61,成为全国城乡发展最均衡的地区之一。

"余村经验"是习近平新时代中国特色社会主义思想在农村基层的具体践行。"余村经验"为健全自治、法治、德治、智治相融合的乡村治理体系提供了生动范例,为全国实施乡村振兴战略标示了前进路径,为巩固党在农村的群众基础和执政基础树立了学习标杆。[①]

---

① 资料来源:调研、网站和样本县提供。

三　人民主体

以人民为中心是"枫桥经验"的价值所在。新时代"枫桥经验"的灵魂在于一切以人民为中心,其本质在于人民主体性。"人民主体"是指人民在国家和社会政治生活中处于核心地位。坚持一切以人民为中心,就必须坚持人民主体地位,坚持立党为公、执政为民,践行全心全意为人民服务的根本宗旨,把党的群众路线贯彻到治国理政全部活动之中。习近平总书记在党的二十大报告中强调,要"坚持人民主体地位,充分体现人民意志、保障人民权益、激发人民创造活力"[①]。新时代"枫桥经验"体现了全过程人民民主的本质。全过程人民民主是社会主义民主政治的本质属性,是最广泛、最真实、最管用的民主。以人民为中心是中国共产党成立以来矢志不渝的宗旨和初心,是新中国成立以来一以贯之的发展理念,也是新时代推动人的发展和社会进步的根本遵循,也必然是以新时代"枫桥经验"为基本方法的社会治理领域的核心理念

[①] 习近平:《高举中国特色社会主义伟大旗帜　为全面建设社会主义现代化国家而团结奋斗——在中国共产党第二十次全国代表大会上的报告》,《党的二十大报告学习辅导百问》,党建读物出版社、学习出版社2022年版,第28页。

和价值根基。以最广大人民根本利益为根本坐标，从人民群众最关心最直接最现实的利益问题入手，这是新时代社会治理的必然要求。

新时代"枫桥经验"中的人民主体理念主要体现在一切为了人民、一切依靠人民和一切由人民评判三个方面。人民主体一级指标下设服务人民、依靠人民和人民满意三个二级指标。

（一）指标释义

1. 服务人民

"服务人民"是指政府以"一切以人民为中心"为价值目标建立现代化的公共服务体系，全心全意为人民服务，满足人民群众的需求。

群众的生存与生活问题是基层治理的根本问题。习近平总书记指出："我们深入贯彻以人民为中心的发展思想，在幼有所育、学有所教、劳有所得、病有所医、老有所养、住有所居、弱有所扶上持续用力，人民生活全方位改善。"[1] 这对以新时代"枫桥经验"为抓手的基层治理提出了要求。在基层治理中，努力提高公共服务水平，提高服务质量，建立广泛有效的社会公共服务体系，是让困难群众切实摆脱生活困境、切身感受社会主义国家主体地位的最直观有效的方法。课题

---

[1] 习近平：《决胜全面建成小康社会 夺取新时代中国特色社会主义伟大胜利——在中国共产党第十九次全国代表大会上的报告》，《中国共产党第十九次全国代表大会文件汇编》，人民出版社 2017 年版，第 19 页。

组选取了公共服务领域的若干特色指标，作为考察人民主体地位落实的主要依据。"服务人民"包括保障性住房供应比率、残疾人帮扶服务覆盖率、困难退役人员帮扶救助率等指标。这些指标都直接关系到人民群众的切身利益。例如，残疾人帮扶服务覆盖率考察当地残疾人群体实际接受相关公共服务的状况，体现对弱势群体的帮扶工作完善程度，运行良好的残疾人帮扶制度为夯实基层社会治理基础、从源头上化解矛盾提供了可靠途径。在《国家基本公共服务标准》（2021年版）中，残疾人帮扶服务包括了困难残疾人生活补贴和重度残疾人护理补贴、无业重度残疾人最低生活保障等多个相关服务内容。

2. 依靠人民

人民群众是历史的创造者，是历史的主体。发动人民群众、依靠人民群众是党长期坚持、一以贯之的群众路线。密切联系群众是党的优良作风。只有坚持党的群众路线才能始终保持党同人民群众的血肉联系，依靠人民不断取得胜利。

在法治社会中，充分享受公共服务和积极运用政治权利是体现人民主体治理理念的一体两面，体现了人民在基层治理过程中既是受益者，又是治理者的双重属性。将相关政治权利指标纳入"依靠人民"二级指标项下，更能全面测评基层治理中人民主体立场的落实情况。"依靠人民"包括人大选举参与率、重大行政决策公众参与率等指标。

以"人大选举参与率"为例。该指标是基层人大选举实际参选人数所占整体适格选民人数的比率。习近平总书记指出，要"发展全过程人民民主，保障人民当家作主"①。人大选举工作作为国家政治生活中最重要的民主环节，具有举足轻重的作用，是衡量当地人民群众政治生活质量、政治权利保障力度的重要内容。基层社会治理的有效开展，新时代"枫桥经验"的长期创新发展，离不开基层人大选举的有序实施。人大选举参与率是衡量当地人大工作，尤其是人民群众政治权利保障工作的重要指标。人大选举参与率并不是机械地测算投票比例，人民群众只有在切实感受到选举工作所带来的改变后，才会真切地意识到其政治权利的可贵，才会积极投入选举工作当中。

3. 人民满意

人民在基层治理中的主体地位决定了"人民满意"指标的重要性。以人民群众满意不满意为根本标尺，是中国共产党权力观、政绩观、事业观的核心。中国共产党以造福人民为最大政绩。坚持和发展新时代"枫桥经验"效果如何，最终要看人民群众是否满意。

习近平总书记指出："把人民群众满意不满意作为评判主题教育成效的根本标准，解决好人民群众最关心最直接最现实的利益问题，把惠民生的事办实、暖民心的事办细、顺民

---

① 习近平：《高举中国特色社会主义伟大旗帜 为全面建设社会主义现代化国家而团结奋斗——在中国共产党第二十次全国代表大会上的报告》，《党的二十大报告学习辅导百问》，党建读物出版社、学习出版社 2022 年版，第 28 页。

意的事办好，让现代化建设成果更多更公平惠及全体人民。"①《法治社会建设实施纲要》规定："健全群众满意度测评制度，将群众满意度作为检验法治社会建设工作成效的重要指标。"②基层治理的效果究竟如何，需要评判主体作出评价，这个主体就是人民群众。人民群众是一切治理活动的感受者和评判者，一切治理要将群众满意与否作为标尺。

人民群众满意与否不是抽象的标准，更不是空洞的口号，而是可以通过具体指标测评的。在编制体例上，我们将人民满意作为人民主体指标项下的二级标题。在实际测评工作中，我们将人民群众满意度作为模块单独设立。③

（二）数据分析

1. 人民主体数据的整体分析

全国样本县"人民主体"一级指标平均得分为86.35分，最高分为96.67分，中位数为85.33分，中位数高于平均分，大部分样本县的得分较高；"人民主体"一级、二级和三级指标平均得分均高于80分。

---

① 2023年4月10—13日，习近平总书记在广东考察时强调，"把人民群众满意不满意作为评判主题教育成效的根本标准"。参见沈童睿《让人民群众切实感受到主题教育的成效》，《人民日报》2023年4月25日，第17版。

② 《法治社会建设实施纲要（2020—2025年）》。

③ 本部分"人民主体"内容参见中国法学会"枫桥经验"理论总结和经验提升课题组《"枫桥经验"的理论构建》，法律出版社2018年版，第35—38页。

表 3.1 "人民主体"一级/二级指标得分情况

指标名称	平均分	最高分	最低分	中位数
人民主体（一级）	86.35	96.67	78.50	86.85
服务人民（二级）	87.85	100.00	81.40	87.00
依靠人民（二级）	85.31	100.00	77.65	86.45

样本县"人民主体"一级指标合格率100%。34个样本县"人民主体"一级指标得分高于90分，其中江苏省海安市、山东省胶州市、浙江省浦江县、海南省文昌市四个样本县高于95分；68个样本县"人民主体"一级指标得分高于85分，占比超过样本县总数的50%；仅有2%的样本县得分处于75—80分的范围，最低分为78.50分，也靠近良好水平。

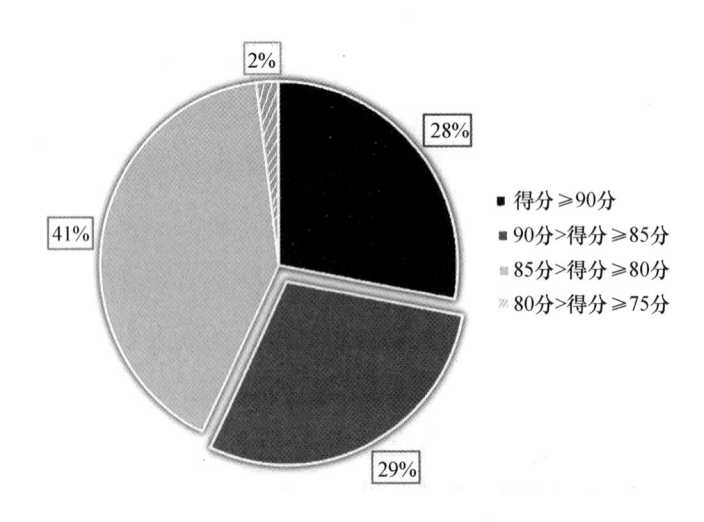

图3.1 全国范围"人民主体"一级指标得分占比

数据表明，"人民主体"指标全国整体数据处于良好水平，全国各样本县基本都能坚持人民主体地位,服务群众,依靠群众。

从全国各大区来看,"人民主体"指标得分高于全国平均分的样本县所在区域情况如图3.2所示:

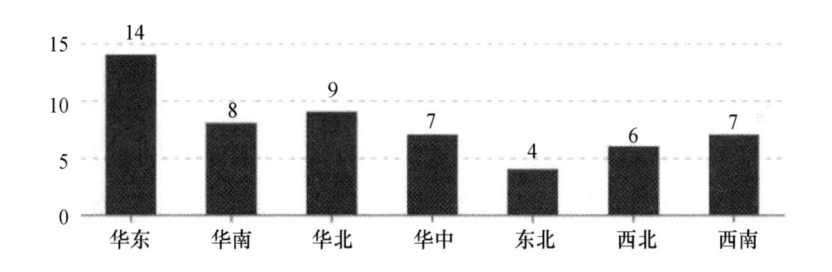

图3.2 各地区得分超过全国平均分样本县数量

"人民主体"一级指标得分高于全国平均分的样本县总数为55个。华东地区有14个区县得分高于平均分,占所有高于平均分区县数量的25%以上;东北地区仅有4个区县得分高于平均分;华南、华北、华中、西北、西南差异较小。数据表明地方政府保障和改善民生的能力,与地理环境或经济发展有正向关系。充分发挥政府职能、树立为人民服务的理想信念以及发展完善解决民生问题的机制体制是重要发展方向。

在省域层面,"人民主体"一级指标得分高于90分的24个样本县,集中分布在以下省域:浙江省(4个)、北京市(3个)、山东省(3个)、江苏省(3个)、上海市(3个)、福建省(3个)。相关样本县基本都属于东部沿海地区,这些样本县的一些地区在发展中保障和改善民生方面做出了示范。这些地区的实践体现了以人民为中心的发展理念。另外，保障和改善民生取得的成就也营造了和谐稳定的社会环境，为发展提供了坚实基础和强大动力。

在县域层面，以下县市"人民主体"指标得分进入优秀区间，且得分较高：江苏省如皋市、山东省胶州市、浙江省浦江县、海南省文昌市。数据表明，虽然这几个样本县总体表现突出，但需要进一步努力的方向各有不同。例如，如皋市需要重点优化重大行政决策公众参与率，进一步实现重大行政决策的规范化、程序化、法治化。胶州市应当更加重视困难退役人员帮扶救助安置，努力提升服务保障水平。文昌市应当在继续强化保障性住房供应工作，多措并举，保障群众基本住房需求。

2. "人民主体"若干单项指标分析

（1）保障性住房供应比率

"保障性住房供应比率"即新增保障性租赁住房供应套数占新增住房供应套数的比例。该指标用以评估以公租房、保障性租赁住房和共有产权住房为主体的住房保障体系的完善程度，考察样本县新市民、青年人等住房困难群体的住房突出问题是否得到重视与解决。

从本次全国样本县测评结果来看，保障性住房供应比率指标得分合格率100%，良好率96%，优秀率41%，全国样本县平均得分87.52分。北京市、浙江省、江苏省、上海市、山东省五个地区得分较高，与"人民主体"一级指标得分高于90分的28个样本县集中所在省域形成对应。总体看，为了满足住房困难群体的住房需求，实现"住有所居"格局，更好地发展保障性租赁住房供应，以上五省的样本县积极在土地规划、项目审批、财税金融等方面提供政策，坚持政策支持、多方参与原则，充分发挥市场机制作用，引导政府机关、企事业单位、农村集体经济组织等多主体投资、多渠道供给。例如，浙江省舟山市普陀区仅在2022年四季度就累计投资1.5亿元，完成174幢老旧小区改造，实现开工建设保障性住房3793套，建成825套。山东省荣成市于2021年9月底，累计供应保障性住房4.13万套，占全市户籍人口的26.6%，其中公共租赁住房2.5万套，安居房1.63万套。

各县级政府都能够因地制宜，基于实际供需关系制定保障性租赁住房发展计划，切实服务好需求群众，踏实解决好群众问题。这是本项指标得分水平较高的主要原因。

(2) 残疾人帮扶服务覆盖率

残疾人帮扶服务包含困难残疾人生活补贴和重度残疾人护理补贴、无业重度残疾人最低生活保障、残疾人托养服务、残疾人康复服务、残疾儿童及青少年教育、残疾人职业培训和就业服务、残疾人文化体育服务等八项重点服务内容。残疾人帮扶服务是服务人民重点工作之一，对社会稳定和谐、国家长治久安具有重要意义。

"残疾人帮扶服务覆盖率"指标全国得分合格率100%，良好率100%，优秀率43%，平均分88.94。这是"人民主体"一级指标下全国平均得分最高的三级指标。图3.4为各省域行政体残疾人帮扶服务覆盖率指标得分90分以上的样本县数量统计。

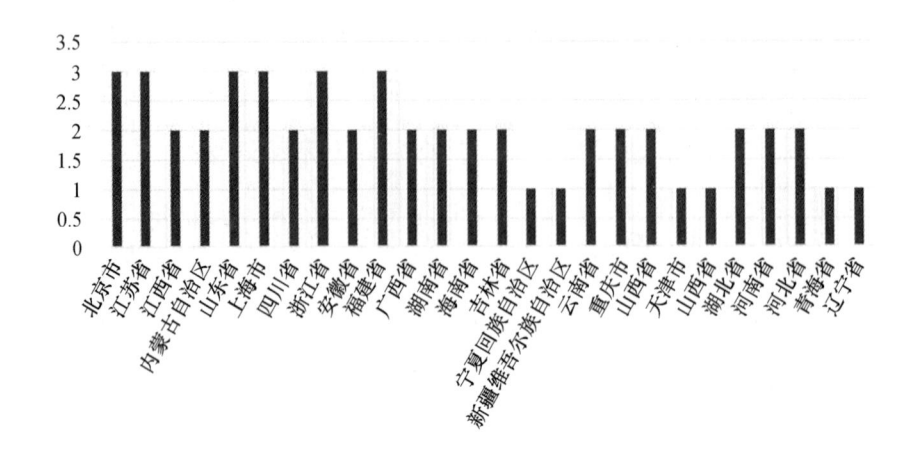

图 3.4　各省"残疾人帮扶服务覆盖率"优秀样本县数量

数据显示，52个优秀样本县较为均匀地分布在全国26个省域，体现了全国各地对于完善残疾人社会保障制度和关爱服务体系工作的重视程度及当前残疾人帮扶服务所取得的显著成果。例如，江苏省张家港市3.4万就业年龄段残疾人中，已安置就业1.7万余人，占就业年龄段残疾人总数的51%，位列江苏省第二位。福建省安溪县通过重点做好1个示范县、2个辅助性就业机构、16家爱心助残驿站等"1+2+16"工作，计划投入2500多万元，惠及2.7万余残疾人。

全国各地始终坚持推动残疾人事业高质量发展，巩固拓展残疾人脱贫攻坚成果，促进残疾人全面发展和共同富裕。一直以来，为实现构筑残疾人美好生活的核心目标，各地能够聚焦民生福祉，落实落细各项惠残政策，真真切切地为残疾人幸福生活"添砖加瓦"。

（3）困难退役人员帮扶救助安置

"困难退役人员帮扶救助安置"是优军优抚服务的重要组

成部分，通过提供优待抚恤、退役军人安置、就业创业服务、特殊群体集中供养等服务，帮助优化分配社会资源，满足退役军人群体需求。这种优待服务，是对现役和退役军人群体的一种肯定和支持，对国家安全和发展具有重要意义。

困难退役人员帮扶救助安置指标全国样本县得分合格率100%，良好率98%，优秀率40%，平均分87.45分。例如，江苏省海安市全面深入开展困难退役士兵救助工作，困难退役士兵全部得到了妥善安置，帮扶救助安置率100%。数据表明，在党中央、国务院、中央军委一系列决策部署下，各地有关部门认真贯彻落实了优抚安置政策法规，扎实推进改革创新，不断提高保障水平，有力服务了党、国家和军队工作大局。

(4) 重大行政决策公众参与率

公众参与、专家论证、风险评估、合法性审查、集体讨论决定是重大行政决策的法定程序要求。2019年国务院颁布实施《重大行政决策程序暂行条例》，对县级以上地方政府重大行政决策程序做出明确规定。重大行政决策公众参与制度，对于基层社会治理及坚持人民主体地位十分重要。

"重大行政决策公众参与率"得分合格率100%，良好率95%，优秀率22%，平均分82.98分。相较其他"人民主体"一级指标下的三级指标得分，该指标得分整体略低，低于"人民主体"一级指标全国平均得分86.35分，一定程度上说明重大行政决策公众参与制度亟待优化。部分样本县在严格规范实施重大行政决策程序方面有良好表现，注重将重大决策公共参与制度落到实处，例如，安徽省广德市政府2021年重大决策事项审查率达到了100%。

课题组通过数据分析和调研发现实践中存在几个普遍问题：一是"不想参与"，人民群众参与意识不足；二是"无效参与"，人民群众参与决策过于形式化，无法充分论述自己的意见，加上没有合理的反馈制度，行政部门往往对公众所提意见建议没有及时做出合理回应；三是"没法参与"，当前的政务信息公开工作还存在诸多不够规范的情况，公众与行政部门间往往存在信息不对称，公众无法获取充分信息对公权力进行有效监督。以上普遍问题导致重大行政决策公众参与率指标得分普遍较低。

浙江省富阳区、江苏省江阴市、山东省胶州市、四川省成华区该项工作指标得分排名靠前，这些地区在重大行政决策参与方面进行了很好的探索。以四川省成华区为例，当地出台了重大行政决策程序账图、合法性审查细则、实施后评估规定、责任追究办法等"全链条"规则，积极推行重大行政决策"六方联审"机制。目前，全区重大行政决策事项公众参与率、专家论证率、社会风险评估率、合法性审查率、集体讨论率均达100%，区政府行政规范性文件合法性审查率、报备率、报备及时率、规范率均达100%，重大行政决策公众参与制度不断完善。[①]

3. 人民主体指标的相关思考

从数据看，人民主体指标与地区发展相关度高。各地在公众参与方面有很大的提升空间。在实践中，群体参与渠道需要

[①] 参见陈博《成都市成华区：奏响法治"交响乐"谱写幸福新蓝图》，《四川法治报》2021年12月3日。

拓宽，依靠群众要有实质性体现。

（1）"人民主体"指标得分与当地经济发展水平密切相关

"人民主体"一级指标得分的东中西部测评平均分数呈递减趋势（86.63分，86.25分，86.03分），与地区经济发展水平基本相一致。得分最高的样本县均在东部地区，而最低分值皆出自中西部地区，且中西部地区分数略低于全国平均水平，长三角地区分数则明显领先于其他地区。这一局面的形成主要是因为，住房、生育、残疾人和困难退役人员帮扶等公共服务水平、制度完善程度与当地政府财政收入水平及经济发展水平相关。

习近平总书记指出："我们要实现14亿人共同富裕，必须脚踏实地、久久为功，不是所有人都同时富裕，也不是所有地区同时达到一个富裕水准，不同人群不仅实现富裕的程度有高有低，时间上也会有先有后，不同地区富裕程度还会存在一定差异，不可能齐头并进。这是一个在动态中向前发展的过程，要持续推动，不断取得成效。"[1] 在建设共同富裕进程中，各地社会基层治理的能力和条件必然也会存在一定的差距，客观上影响了各地指数测评的最终结果。

公共服务项目同样与中央转移支付力度和基层服务供给管理相关。在财政支出不变条件下，地方政府仍然应该而且能够在提升服务质量的同时弥补资源投入不足问题。例如，即便在西部地区34个样本县中，仍有约三分之一区县在保障性住房供应上获得较好成绩。

---

[1] 习近平：《扎实推动共同富裕》，《求是》2021年第20期，第4页。

(2) 重大行政决策公众参与制度有待完善

在"人民主体"指标下的所有三级指标中,重大行政决策公众参与率得分在整体和各区域内均为最低。可见,在区县一级政府中,该项工作是"人民主体"项下的短板。公共服务的提供和人民群众基本物质需求的满足,与其政治权利的实现、参政能力的提高具有高度相关性。"人民主体"思想在新时代"枫桥经验"中的体现不止于物质条件的满足,更要注重参与条件、参与途径的保障和完善,使人民群众能够真正成为基层社会治理的主要力量。

其一,应当完善政务信息公开公示制度。信息公开不仅包括行政过程的公开,也包括行政决策结果的公开。为避免人民群众对行政机关的决策过程和结果产生怀疑,削弱行政决策和执法的民意基础,也为了避免在落实行政决策公众参与制度时,公众与政府之间出现信息差,使公众无法对行政决策内容进行正确认知和判断,行政机关应主动公布行政决策内容、过程和结果,对行政信息公开作更加规范的要求和监管。

其二,应当完善重大行政决策程序监督和制约机制,完善事前、事中监督和制约机制。一方面要将重大行政决策事项目录和重大行政决策事项听证目录纳入规范性文件管理。另一方面要完善意见公布和反馈机制。行政决策机关应该归纳整理各方意见,对合理意见应当采纳并将意见采纳情况公布,未予采纳的应当公开说明理由和情况。

其三,应当明确行政决策制度事后救济和监督渠道。加强政府工作部门规范性文件的备案审查,在重大行政决策公众参与制度之下,筑好重大行政决策的最后一道防火墙。

(3)服务人民与依靠人民齐头并进

坚持以人民为中心，一切为了群众，一切依靠群众，始终是"枫桥经验"的根本所在。习近平总书记强调："尊重人民首创精神，坚持一切为了人民、一切依靠人民。"① 数据显示，二级指标"服务人民"得分高于"依靠人民"。可见，基层社会治理"依靠人民"方面需要进一步加强，需要更好地坚持和发展新时代"枫桥经验"所体现的群众路线，服务人民与依靠人民双向发展。

服务人民，就要为人民群众办实事。虽然各地都取得了良好成绩，但在基本生活保障、社会公平、权益保障等方面需要更有实质效果的行动。依靠人民，就要真正让人民群众发挥主人翁的作用。一些地方领导并没有真正把人民群众放在主人翁地位上，忽视人民群众的作用，人民群众在基层治理中的作用并没有得充分发挥，这应当引起各级领导高度重视。

（三）样本县经验——浙江浦江②

浦江县隶属浙江金华市，于东汉兴平二年（195年）建县，至今已有1800多年历史。2017年，联合国地名组织授予浦江"中国地名文化遗产千年古县"。浦江"上山遗址"是中国已经发现年代最早的新石器时代遗址之一，距今约9000—

---

① 习近平：《高举中国特色社会主义伟大旗帜 为全面建设社会主义现代化国家而团结奋斗——在中国共产党第二十次全国代表大会上的报告》，《党的二十大报告学习辅导百问》，党建读物出版社、学习出版社2022年版，第53页。

② 关于"干部下基层开展信访工作"内容，参见钱弘道《开展全过程人民民主的生动实践》，《民主与法制》2023年第42期。

11000年。遗址出土的大量稻壳将河姆渡遗址7000年前人工栽培水稻的历史记录提前了三千多年。浦江素有"文化之邦""书画之乡"之称。浦江县坚持"干部下基层开展信访工作"的做法，持续推进信访突出问题化解攻坚，信访工作成效显著。"干部下基层开展信访工作"是习近平同志在浙江工作期间亲自倡导并带头下访接待人民群众、倾听人民群众意见、依法处理信访问题、源头化解矛盾纠纷下形成的工作方法。"干部下基层开展信访工作"从本质上讲是坚持人民主体原则的做法，是全过程人民民主制度的重要体现。"干部下基层开展信访工作"在坚持人民主体原则、坚持走群众路线方面与"枫桥经验"一脉相承。

1. "干部下基层开展信访工作"方法产生的背景

"干部下基层开展信访工作"方法是为人民群众解决难题、化解矛盾而产生的。21世纪初，全国各省信访普遍呈现上升势头。浙江作为市场经济先发省份，各类矛盾问题暴露很多。浙江省委决定在全省实行领导下访接待群众制度，让"领导多下去、群众少上来"。

时任浙江省委书记习近平同志第一次下访就选择到情况最复杂、矛盾最尖锐的浦江县。2003年9月18日，习近平同志率领省级机关单位领导和金华市、浦江县相关领导来到浦江中学，现场接待当地群众上访，目的是为群众解决问题、化解矛盾。这是浙江省首次大规模的干部下访活动，开创了全国省委书记下访的先河。通过这次下访接访活动，一批历史遗留问题得到了妥善解决，一部分信访和涉法信访老大难问题取得了突破①。

之后连续三年，习近平同志先后到临安市、德清县、衢州市、衢江区下访，实实在在为人民群众解决难题、化解矛盾。在习近平同志的率先垂范下，领导下访在浙江全省推开，成为一项制度，省、市、县三级领导干部下访蔚然成风。浦江县不断完善领导干部下访接访制度，坚持把常态接访和定期约访、重点走访、领导下访有机结合起来，建立"访前调查准备＋访中会商研究＋访后限期办结"工作闭环，成功化解了一批"钉子案""骨头案""老大难案"，及时有效地把人民群众的一件件操心事、烦人事、揪心事办成放心事、舒心事、幸福事。

2003年以来，浙江省、市、县三级领导干部共疏导化解20余万件信访事项，群众满意率达85%以上。近年来，浙江省不断深化"干部下基层开展信访工作"做法，推动广大党员干部下沉到一线，在走好党的群众路线中解决急难愁盼问题，推动"干部下基层开展信访工作"从点上做法到面上举措、从一域破题到全省实践，在新时代持续产生了良好效果。浙江省在推进基层治理体系和治理能力现代化中，坚持和发展新时代"枫桥经验"，既推行干部主动下沉，又强化群众自治活力，形成矛盾化解的闭环体系，创造了基层治理新模式。2011年，习近平同志批示肯定浦江的信访工作，中联办、国家信访局总结推广"干部下基层开展信访工作"做法。"干部下基层开展信访工作"方法越来越被证明是"一举多得的有益创举"。"干部下基层开展信访工作"方法推动了各级领导干部到基层一线、

---

① 参见张国强《下访一年看浦江》，《今日浙江》2004年第17期。

矛盾最集中的现场，了解民情，集中民意，真发现问题，真解决问题。"干部下基层开展信访工作"方法所蕴含的立场、观点、方法，对密切干群关系、提升干部能力、加强基层治理等都提供了有益的启示。

2. "干部下基层开展信访工作"方法的本质

习近平同志在《之江新语》中指出，变群众上访为领导下访，"是一种发扬民主、体察民情、联系群众的重要渠道"①。"干部下基层开展信访工作"全过程是围绕坚持人民至上原则展开的，彰显了中国式民主的独特优势。

第一，领导干部下访接待人民群众是人民公仆形象的生动写照。人民民主就是人民做主人，领导干部做公仆，就是人民至上。民心是最大的政治。坚持人民至上是中国共产党的核心理念和价值追求，是党百年奋斗的历史经验，是不断取得胜利的法宝。"干部下基层开展信访工作"是中国共产党坚持人民至上思想的一种具体行动。公仆思想要求领导干部不断追求"我将无我，不负人民"的崇高境界。中国共产党的使命是为民造福。为人民服务、当好人民公仆不能停留在口头上，而是必须付诸实际行动。领导干部不能高高在上，瞧不起人民群众，而是要怀着深厚感情和谦逊态度与人民群众交朋友，真正做到与人民群众心连心。"干部下基层开展信访工作"方法要求领导干部改变作风，当好人民公仆。"干部下基层开展信访工作"方法是发挥领导干部的主动性，体现了领导干部的公仆

---

① 习近平：《之江新语》，浙江人民出版社2021年版，第56页。

姿态。领导干部主动下访接访，就是主动问政于民、问计于民、问需于民，就是向群众学习，以群众为师。

第二，倾听人民群众意见是人民民主的基本形式。践行全过程人民民主，最重要的就是倾听民意。习近平同志曾说："我们共产党的干部是来自人民，为了人民的，在信访中倾听人民的呼声，了解人民的愿望，汲取改进工作和作风的营养，'关心、济助'每一个需要关心济助的人，是我们的责任，也是我们的义务。信访工作的首义，在于时刻把自己看成人民中的一员，把心贴近人民。"[①] 中国民主的特色是协商民主。协商民主就要倾听民意。中国协商民主是全过程人民民主的实践方式，行之有效，具有巨大优越性，在整合社会关系、促进民主监督、提升决策效率等方面展现出独特优势。"干部下基层开展信访工作"就是协商民主的一种模式。协商的过程，就是领导干部保持同人民群众密切联系的过程，就是依据不同群体的不同利益诉求，进行广泛充分协商、听取各种不同声音、充分吸收有益意见和建议的过程。"干部下基层开展信访工作"体现了过程民主和成果民主、程序民主和实质民主、直接民主和间接民主的统一。"知屋漏者在宇下，知政失者在草野。"（《论衡》）群众中有了"意见"和"呼声"，说明他们有了困难或诉求，同时也说明了领导干部在工作方面还有做得不够的地方。认真倾听群众的"意见"和"呼声"，是领导干部了解社情民意最有效的途径。

第三，依法处理信访问题是人民民主的必然要求。法治是

---

① 习近平：《摆脱贫困》，福建人民出版社2014年版，第45页。

人民民主的保障。处理信访问题必须依法。"干部下基层开展信访工作"是依法开展信访工作。依法就是要求在法治轨道上处理信访问题，依据法律原则和具体规定平衡各种利益，化解各种矛盾纠纷。2003年，习近平同志在浦江下访时明确指出："我们处理问题有一条原则，就是依法办事。"[①] 对于这条原则，习近平同志的思想是一贯的。从2003年到今天，"干部下基层开展信访工作"方法的发展与中国法治发展的目标是一致的，步伐是一致的，精神是一致的。

第四，源头化解矛盾纠纷是把人民利益放在首位。中国共产党自诞生起，始终把人民利益放在首位。人民利益高于一切。2003年9月19日，习近平同志下访时强调："领导干部下访关键是为群众解决问题，化解矛盾。"[②] 化解矛盾纠纷是信访工作的具体目标，是解决人民切身利益诉求，是人民至上的实质内容。化解矛盾纠纷是营造人民舒心、放心、安心的社会环境。坚持源头治理化解矛盾是信访工作的一条原则。"干部下基层开展信访工作"是"敢于往矛盾窝里钻"，目的就在于"事要解决"，重视初信初访，把矛盾化解在萌芽、解决在基层。

3."干部下基层开展信访工作"方法的特点

民主不是装饰品，是用来解决问题的。"干部下基层开展

---

① 《习近平同志在浦江县接待群众来访结束时的讲话要点》，《浙办通讯》第106期。

② 《大力推广下访制度 深入基层化解矛盾——习近平同志在浦江县、兰溪市调研信访工作时的讲话》，《浙办通讯》第106期。

信访工作"方法在人民民主意义上的突出特点就是真实管用。"干部下基层开展信访工作"是让人民群众当家做主，让人民群众参与决策、参与管理、监督政府。

第一，民主决策。"干部下基层开展信访工作"方法体现了民主决策。领导干部下访接待人民群众、倾听人民群众意见是公众参与决策的重要途径，是公众参与最直接、最密切的民主决策体现，是保证决策科学的有效方法。长期以来，一些领导干部过于自信，习惯于"拍脑袋"决策、独断决策，无视人民群众的意见，给各项工作带来了损失。人民群众从来都是历史的创造者。人民群众的智慧从来都是无穷尽的。"干部下基层开展信访工作"是充分发挥人民群众智慧和力量服务于科学决策的方法。

第二，民主管理。"干部下基层开展信访工作"方法体现了民主管理。领导干部下访接待人民群众、倾听人民群众意见，就是人民参与管理的过程，充分展现了在中国共产党的坚强领导下多元协同的社会治理格局和全过程人民民主的优势。党的领导一定要建立在人民群众广泛参与、社会各方广泛协同的基础上，人民群众是多元共治的主体力量和依靠力量。"干部下基层开展信访工作"就是创造条件，让人民群众真正做社会主义国家的主人翁，就是要让人民群众更广泛、更深入、更实质地参与民主管理。

第三，民主监督。"干部下基层开展信访工作"方法体现了民主监督。群众监督是中国全方位监督体系的重要组成部分。领导干部下访接待人民群众、倾听人民群众意见是有效的民主监督方式。让人民监督政府是人民民主的本质要求。信访问题直接涉及人民群众最关心的个人利益和公共利益。领导干部下访必须讲究效果，效果如何要让人民群众评判。习近平同志告诫干部："下访一趟，实际问题什么都没解决，只是搞形式。做表面文章反而会产生更大的负面影响。"[①]"干部下基层开展信访工作"不仅为人民群众创造了讲真话的场景，而且创造了全过程监督信访事项是否办结、效果如何的机制，对政府的各项工作都能产生很好的监督作用。

[①]《大力推广下访制度 深入基层化解矛盾——习近平同志在浦江县、兰溪市调研信访工作时的讲话》，《浙办通讯》第 106 期。

四　多元协同

党的二十大报告指出，完善社会治理体系，健全共建共治共享的社会治理制度，提升社会治理效能建设人人有责、人人尽责、人人享有的社会治理共同体。[①] 坚持共建共治共享的社会治理制度，组织人民群众、社会组织、企业等社会多元主体共同参与社会治理活动，形成多元协同治理局面，是新时代"枫桥经验"的重要特征之一。

多元协同治理是指在多个主体的共同参与下，通过各方的合作和协调，实现基层治理问题的有效解决和社会资源的高效利用。多元协同是一种适应复杂社会问题的治理模式。多元协同治理能够促进各方的互信和合作，减少冲突和摩擦，提高问题解决的效率和质量。多元协同治理能够通过广泛参与和多元参与，增强社会的包容性和民主性，确保各方的利益得到平衡和保护。

新时代"枫桥经验"及时吸收了从管理到治理转型的理

---

① 参见习近平《高举中国特色社会主义伟大旗帜　为全面建设社会主义现代化国家而团结奋斗——在中国共产党第二十次全国代表大会上的报告》，《党的二十大报告辅导读本》，人民出版社2022年版，第49页。

念。"多元协同"指标是根据中共中央关于治理格局的基本要求设计的。2004年，党的十六届四中全会首次提出，要"建立健全党委领导、政府负责、社会协同和公众参与的社会管理格局。"[①] 2017年，党的十九大报告提出要"完善党委领导、政府负责、社会协同、公众参与、法治保障的社会治理体制"，强调要"打造共建共治共享的社会治理格局"[②]。

"多元协同"作为新时代"枫桥经验"一级指标，下设政府负责、社会协同、公众参与三个二级指标。

（一）指标释义

1. 政府负责

"政府负责"是指中央和地方政府发挥着总揽全局、协调各方、统筹规划、积极推进的主导作用。无论是在经济增长、政治发展、文化创新、社会进步的总体协调方面，还是在效率与公平兼顾、民主与法治并重、发展与稳定并举、人与自然和谐相处等终极关怀方面，政府都是主导力量。通过"政府负责"指标的设定，强调政府在社会治理体系中的"精神主动、政策主导、制度主导、法治主导"职能，提升政府公信力和行政效率，增进人民群众对政府施政方式、行政效率、担当作为的认可度、满意度，更好发挥政府在社会治理中的主导作用，

---

① 中国共产党第十六届中央委员会：《中共中央关于加强党的执政能力建设的决定》，2004年9月26日，中国政府网。

② 习近平：《决胜全面建成小康社会 夺取新时代中国特色社会主义伟大胜利——在中国共产党第十九次全国代表大会上的报告》，《中国共产党第十九次全国代表大会文件汇编》，人民出版社2017年版，第39页。

寻求社会治理的新突破、新成效。

2. 社会协同

"社会协同"包括群团组织、社会组织等组织的协同治理。群团组织作为党和政府联系群众的桥梁和纽带，其政治性决定了他们能有效地进行体制内的沟通。2015年，《中共中央关于加强和改进党的群团工作的意见》进一步为群团组织参与公共政治生活、为群众反映诉求、参与公共服务提供了制度性与合法性空间。群团组织来源于群众、扎根于群众，能够广泛联系和直接服务群众，及时有效回应特定群体的社会关切。"社会协同"指标要求充分运用各类群团组织长期以来积累的联系群众的工作经验，协助党进一步了解群众需求，反映群众愿望，有效服务群众，扩大党的群众基础，巩固党的执政地位，适应新形势下社会治理的需求。

作为政府服务的有效补充，社会组织能够组织社会力量，精准满足基层民生需要，发挥服务载体功能，承接政府公益类、服务类以及部分政务类职能。打造共建共治共享的社会治理格局，要求发挥社会组织的作用，积极引导社会力量参与社会服务管理工作，推动政府和社会多方力量的共同参与，逐步提升社会组织服务能力和规范化运作水平，激发社会组织参与基层治理活动的积极性。党的十九大报告指出，加强社区治理体系建设，推动社会治理重心向基层下移，发挥社会组织作用，实现政府治理和社会调节、居民自治良性互动。"社会协同"指标的设立也是为了不断探索创新社会组织参与基层社会治理的活动方式和内容，推动各类社会组织积极参与公共事务治理、优化治理结构，实现更有效的社会治理。

企业是社会治理的重要主体之一。构建人人有责、人人尽责、人人享有的社会治理共同体，打造共建共治共享的社会治理格局，企业具有得天独厚的作用和优势。企业深层嵌入社会，是企业参与社会治理的现实要求。各类企业通过技术赋能、市场赋能、公益赋能等方式，承担着事实上的社会治理职能。作为现代社会治理的主体之一，企业可以通过多种方式提供公共产品、强化服务共享意识。因此，"企业参与"是"社会协同"指标的应有之义；该项指标要求充分调动企业资源，提升企业参与社会治理意识，拓宽企业参与社会治理深度和广度。

3. 公众参与

公众参与社会治理是由我国社会主义社会的根本性质所决定的，也是服务型政府的内在要求。党的十八届三中全会强调了公众参与社会治理的重大意义。公众是社会治理现代化成效的最终受益者。公众参与的意愿、程度、成效将直接影响社会治理现代化的进程。推进社会治理现代化，必须扩大和深化公众参与度。"公众参与"指标的设立，旨在调动广大群众的积极性、主动性、创造性，推动建设人人有责、人人尽责、人人享有的社会治理共同体。

（二）数据分析

1. 多元协同数据的整体分析

"多元协同"一级指标样本县平均得分 86.98 分，有 59 个样本县的"多元协同"指标得分高于85分，占全部参评样本县的49.2%；有36个样本县得分高于90分，占全体参评样本县的30%。其中，海南省文昌市、江苏省常州市溧阳市、江苏省苏州市张家港市、宁夏银川市灵武市、浙江省湖州市安吉县五个样本县的得分排名靠前。

数据表明，总体来看，越来越多的基层政府越来越重视"多元协同"工作，不断推动多元主体积极参与基层社会治理，发挥不同主体在治理工作中各自的优势，形成合力。但同时各地的"多元协同"工作还存在较大的提升空间。如何引导多元主体共同参与和有效合作是一个较为普遍的问题。

在省域层面，进入优秀区间的样本县集中分布于浙江（6个）、新疆（4个）、四川（2个）、青海（3个）、海南（3个）、湖南（2个）。从数据和相关资料看，上述地方对"多元协同"尤为重视，取得了良好成绩。

在县域层面，"多元协同"指标得分排名靠后的样本县中，西部地区样本县的数量要明显比东部地区多，北方地区样本县的数量要明显比南方地区多。以平均分80分以下的26个样本县为例，除安徽省滁州市天长市、安徽省合肥市肥西县、福建省泉州市安溪县、广东省肇庆市四会市四个样本县以外，其他22个样本县皆属于西部地区或者北方地区。这反映了地域经济发展不平衡对基层多元协同治理工作的影响。经济发展的不平衡具体体现为东西差距与南北差距，经济发展水平较高的样本县在多元主体的组织能力、治理能力上都相对强于经济发展水平较低的样本县，相对发达的样本县在多元协同治理上也有着更多的需求，这种需求推动了多元主体参与协同治理。目前受政策、资源、内在驱动力等各方面的影响，协同各主体参与社会治理的难度存在较大差异。政府部门投入的力度也存在不同。有的地方虽然重视上级要求，但缺乏主动作为的积极性，这需要高度重视。各地领导干部应当认识到，只有充分调动各主体的参与积极性，才能发挥新时代"枫桥经验"在共建共治共享治理模式中的抓手作用。

2. 多元协同若干单项指标分析

（1）社会组织万人比

"社会组织万人比"平均得分83.44分，良好率98.3%，优秀率23.3%。例如安徽省宣城市广德市社会组织万人比为5.21，湖南省株洲市醴陵市为5.01，江苏省常州市溧阳市为4.81，有相当一部分样本县在社会组织建设与引导工作上已取得了较好成绩。数据显示，社会组织的建设与人员扩充得到了各省普遍重视，但少数样本县社会组织建设上仍存在较大问题。

（2）专兼职网格员配备率

"专兼职网格员配备率"得分良好率100%，优秀率38.7%。其中，湖南省长沙市长沙县、吉林省通化市辉南县、浙江省温州市瓯海区、浙江省杭州市富阳区等样本县专兼职网格员配备率为100%。网格员配备率是社会人员参与共同治理的重要指标，良好率达到100%体现出各地对于专兼职网格员组织工作都极为重视，取得了良好的成绩。

（3）"一网通办"率

"一网通办"率在"多元协同"所有下属三级指标中得分

最高，全国样本县平均得分90.51分（见图4.1）。"一网通办"率得分良好率100%，优秀率52.5%。全国样本县中，云南省保山市腾冲市、浙江省舟山市普陀区、浙江省台州市路桥区、四川省眉山市仁寿县等样本县"一网通办"率为100%，浙江省绍兴市上虞区、浙江省丽水市青田县、福建省福州市福清市等样本县"一网通办"率也在90%以上。

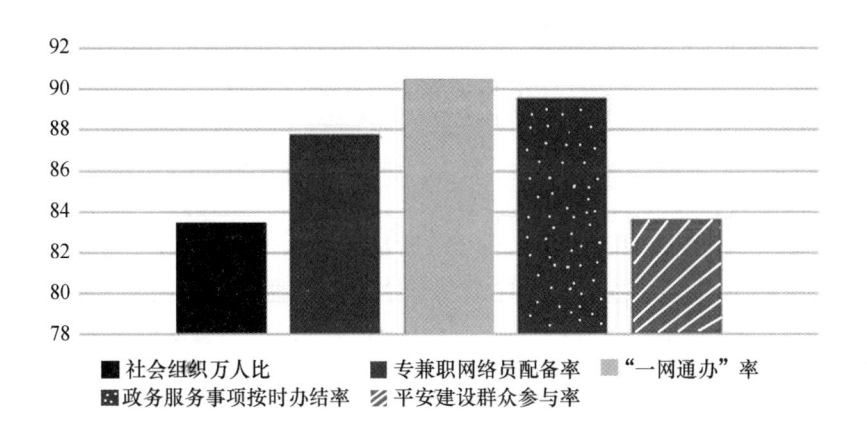

图4.1 多元协同部分单项工作指标全国样本县平均得分

数据显示，大多数样本县的"一网通办"率工作基本到位，体现出样本县对提高行政办事效率的重视，反映了各地政府治理能力与治理效率的提高。在坚持和发展新时代"枫桥经验"的具体实践中，社会协同治理水平的提高是关键。政府行政效率的提高能为多元主体的治理参与提供更多信心与保障。如何借助政府治理能力为社会多元主体协同治理创造提供便利，是各地政府需要考虑的重要问题。

（4）政务服务事项按时办结率

政务服务事项按时办结率全国样本县得分良好率99.2%，

优秀率49.2%。其中，部分样本县按时办结率较高，如广东省珠海市香洲区政务服务事项按时办结率为99%，广西壮族自治区百色市平果市90%，河南省郑州市巩义市100%。数据表明，各地的政务服务事项按时办结工作扎实稳步推进，但仍存在很大提升空间，这一点与"一网通办"率有相似之处。同时，政务服务能否按时办结与多元主体是否能够有效参与社会治理密切有关。如何有效引导多元主体参与政府服务是坚持和发展新时代"枫桥经验"需要解决的重要课题。

（5）平安建设群众参与率

平安建设群众参与率全国样本县平均得分83.62分，良好率98.3%，优秀率22.5%。数据显示，该指标数据良好率较高，一些样本县平安建设群众参与率相对较高，例如，山西省临汾市洪洞县平安建设群众参与率为99.31%，四川省成都市成华区98.72%，浙江省宁波市象山县84.80%，浙江省丽水市青田县86.44%。只有人民群众自主、自觉地参与到平安建设中来，平安建设才能上升到一个新的台阶。

3. 多元协同的相关思考

建立多元协同的治理格局是坚持和发展新时代"枫桥经验"、推进基层治理现代化的必然要求。分析样本县测评数据，完善多元协同机制、提高各方主体积极性、实现信息共享是今后多元协同的努力方向。

（1）完善多元协同机制

比较三级指标得分数据，"政府负责"下属三级指标得分明显高于其他指标得分。当前，样本县各主体参与治理的广度、深度存在较大差异。在多元协同建设中，各方的角色和责任可能存在不清晰的问题，不同组织或部门的职责界定模糊，导致协同合作的效果不佳。在多元协同治理中，政府在社会治理中应当承担着更多的责任。在今后的多元协同治理格局中，社会治理的分工需要进一步优化，不同部门和组织之间的沟通和协作需要更加紧密，其他主体参与的程度和发挥的作用有待进一步强化。建立健全规范多元协同机制，明确政府、群团组织、社会组织、公众和企业各自在社会管理中的角色和作用，是创造多元协同局面的基本前提。

（2）提高多元协同主体积极性

多元协同效果取决于参与主体的意愿。一些地方参与主体意愿不强问题产生的原因，在于群众社会组织、企业对基层治理缺乏兴趣。参与主体的意愿与政府是否真正做到发动群众、依靠群众相关，也跟资源配置是否均衡相关。参与主体积极性不高具有普遍性。群众都有"搭便车"的心理，对公共事务不热心。政府也缺少相应的激励措施。社会组织缺少相应的经费支持就难以开展工作。企业忙于自身的经营，往往无暇顾及。因此，如何激发多元协同主体的积极性，是基层治理必须破解的难题。

（3）强化多元协同的信息沟通

多元协同需要各方进行信息共享和交流，但信息共享不畅通是一个普遍问题。不同组织或部门之间的信息孤岛现象，影响协同合作的效果，这就需要在数字化治理下通过技术赋能解决信息共享问题。建设多元协同治理平台是提升协同能力的重要方向。各地需要适应数字化发展的趋势建立开放、共享的多元协同治理平台，用技术和数据带动治理创新，实现信息共享，协调治理行动，提高多元协同效率。目前，各地数字治理发展水平差异较大。一些地方领导缺乏数字治理的观念，有的地方经费不足。改变观念、有效配置资源、保证数字治理的必要经费是推进多元协同工作的条件。

（三）样本县经验——新疆克拉玛依

克拉玛依区，隶属新疆维吾尔自治区克拉玛依市，位于新疆维吾尔自治区西北部，准噶尔盆地西部。"克拉玛依"，维吾尔语为"黑油"。1955年10月29日，黑油山附近的一号井喷出工业油流，标志着克拉玛依油田的发现。克拉玛依区是克拉玛依市中心城区，是克拉玛依市党、政、军机关和国家特大型企业新疆油田公司、克拉玛依石化公司机关所在地，也是全市政治、经济、文化和商业中心。2018年12月29日，克拉玛依区被国家民委评为第六批全国民族团结进步创建示范区（单位）。2018年12月，克拉玛依区被民政部认定为第三批全国社区治理和服务创新实验区。近年来，克拉玛依区在调动社会力量、多元发力、推进提升社区治理能力方面有较大突破。克拉玛依区为推动基层治理能力的全面进步、全面过硬，广泛调动辖区多元力量参与社会治理，共享社会发展成果，初步形成了辖区多元共治、协同参与、活力迸发的局面，为实现社会稳定和长治久安提供了坚强保障。其具体工作举措体现在以下几个方面：

1. 多元共治，提升社区治理能力

首先，推进社区服务型党组织建设，建立问题收集处理反馈机制。组建35支"为民服务"专业服务队伍，全面开展"把群众当亲人"活动，有效提升服务能力，帮助群众解决就业、就医、就学以及矛盾纠纷等问题2万余件。深入开展"新时代红细胞"和精准化公益志愿服务，打造全市"红细胞"之家，根据党员职业特点和个人特长，组建党员志愿服务队，针对社情民意、治安巡逻、公共卫生、便民服务、敬老助残等方面开展"菜单式""组团式""开放式"服务。其次，各社区以群防群治骨干力量为抓手，发挥"红细胞"巡逻队作用，每日参与巡逻值守和社会面检查工作，并深入推进在职党员"8小时以内履职尽责在单位，8小时以外服务奉献进社区"的新常态，在"红细胞"工程的推动下，有效激励党员自觉发挥先锋模范作用。同时，社区主动对接"红细胞"党组织，全部签订《党组织政治责任区目标责任书》，明确年度帮扶责任和内容，目前共计有200余家"红细胞"党组织、2万余名"红细胞"党员到联点社区或居住社区报到。全区范围内建立"区—街—社"三级社会组织孵化平台体系，通过平台孵化、项目孵化等途径，有目的、有重点地培育基层治理和社区建设迫切需要的社区社会组织，助力社会组织健康成长，在提升社区服务能力的同时带动更多社会力量参与社区治理服务。

2. 多元共商，夯实社区治理基础

建立《克拉玛依区社区议事协商委员会制度》，确立社区协商上下联动体系。制定《克拉玛依区"同心彩虹"社区多元共治模式指导手册》，明确居民议事会工作流程及方法，社区党组织整合社区"大党委"成员单位、社区社会组织、社区居民骨干、志愿者等多元主体，开展议事协商工作。建立居民服务需求和问题收集清单，丰富居民自治协商议题。在社区听证会、民情座谈会、事务协商会、成效评议会、民主议事会、服务咨询会"六会"基础上，创新通过"民情恳谈日""居民论坛""流动晨会"等方式进一步提高群众参与社区治理和服务的意识，用好"三段六步""四议两公开""五步三公开"等工作方法，创新议事协商机制，实现群众的事群众提、群众议、群众定、群众评，引导群众全过程参与基层治理，营造"社区是我家，治理靠大家"的良好氛围。在创建社区治理和服务创新实验区工作中，涌现出了南泉社区"爱心座椅"、风华社区"和合论坛"等典型。通过议事协商解决了和平社区"僵尸车"、星光社区物业纠纷等200余项问题，有效提升了社区居民群众自我治理水平和能力。

3. 多元协同，确保社区治理落实落细

按照基层力量"一网多格、一格一员，响应力量一格多元、专业力量多格一员"的标准，组建"1＋9＋X"网格管理队伍，社区网格员、社区民（协）警、楼栋（单元）长、"红细胞"党员、个体商户等9支力量配合网格长负责网格"无缝"巡查。完成"雪亮工程"建设，将辖区企事业单位、个体商户视频监控接入"雪亮工程"应用平台，做到视频监控无死角、无盲区。建强社区综治中心，统筹负责综治"9＋X"系

统、综治视联网平台应用管理，实现跨区域、跨部门、跨行业信息互通、业务协同。依托社区党群服务中心，推广"一站式服务"，统筹办理群团服务、就业服务、居民医疗保险等87项便民业务，实行首问负责、全程代办、限时办结制，实现群众"最多跑一次"。同时，为推动新就业群体融入城市生活，参与基层治理，共享发展成果，采取个人自荐、组织推荐、行业引荐相结合的方式，评选出了100名快递外卖"红旗手"积极到社区报到，担任兼职网格员，发挥熟门熟路的优势，帮助发现基层治理中的隐患问题，当好城市"文明使者""移动探头""治理的哨兵"，为基层治理注入"新"力量，有效提升治理的统筹能力和运转能力。

4. 多元共助，实现数字化治理新格局

一方面，运用信息化手段，搭建"一网统管"信息化平台，打通基层治理"最后一公里"，依托社会治理指挥中心，实现线上精准派单，线下及时接单，促进基层治理工作向"闻风即动、未诉先办、接诉即办"转变，实现区、街、社三级运行体系在信息系统、基础数据、响应机制等方面深度融合。另一方面，聚焦街道抓党建、抓治理、抓服务的主责主业，制定吹哨报到清单、划定吹哨范围、规范部门报到流程，切实赋能基层指挥权、调度权，使治理形式从向上对口到向下对应转变，从源头解决以往"看得见管不了"的问题，实现了"一呼百应"。同时，以街道社区为主体，建立网格、社区、街道、区"四级反应"处置体系，根据权责统一原则，实行"网格发现上报—社区优先处理—街道集中处理—职能单位专业处理"

的四级处理模式，积极推行乡街、部门双向派单机制，让12345热线、群众反映的各类诉求处置从6个步骤压缩到2个步骤，处置效率提高75%左右，真正做到哨声起、人员到、事情办，让群众关心的事情办理得更快捷、服务得更优质。①

---

① 资料来源：调研、网站和样本县提供。

五　自治强基

　　自治是基层善治的基础，是新时代"枫桥经验"的题中之义。基层自治是社会治理方式体现人民当家作主的重要标志，是最直接、最广泛、最生动的基层民主实践，是全过程人民民主的有效探索。自治是尊重人民群众主体地位，使人民群众在当家作主中提升获得感、幸福感，保障基层治理的可持续性制度安排，有利于激发人民群众参与基层社会公共事务管理的活力。人民民主是社会主义民主政治的本质属性，基层民主是基层治理现代化的应有之义。"自治强基"是指在党的领导下，由广大村（居）民群众和社会组织、企事业单位等参与村（社区）层级的社会治理，通过自我管理、自我服务、自我教育、自我监督，把人民当家作主真正落到实处，精准对接群众所需所盼，提升基层治理效能，夯实基层治理根基。自治范围是在村（社区）层级，内容依据是宪法和《村民委员会组织法》《城市居民委员会组织法》的规定。党的十九届四中全会强调，要在城乡社区治理、基层公共事务和公益事业中广泛实行群众自我管理、自我服务、自我教育、自我监督。①《中华人民共和国村民委员会组织法》第二条规定："村民委员会是村民自我管理、自我教育、自我服务的基层群众性自治组织，实行民主选举、民主决策、民主管理、民主监督。"②

"自治强基"指标下设民主选举、民主决策、民主管理、民主监督四个指标。

（一）指标释义

1. 民主选举

"民主选举"是一种村干部对村民的责任机制。村委会开展竞争性选举，不仅可以选出德才兼备的干部，还可以通过五年一度的竞争性选举，对在任干部形成压力。事实证明，经过民主选举，村干部的整体素质和能力可以获得较大提升，一些敏感事项，诸如吃拿卡要、乱建工程、违规对外承包工程等现象，也能得到相应改善。通过竞争性选举，很多容易引起争议的问题也不再需要村民上访告状解决，可以在这一制度安排下得到自动化解。充分发挥民主选举在村民自治中的实效，选出村民信得过的村委会干部是至关重要的一步。因此，此项指标着重围绕村（居）委员会选举中违规操作情况，就有关组织或个人指定、委派或者撤换村委会成员情况等进行考察。

---

① 参见《中共中央关于坚持和完善中国特色社会主义制度　推进国家治理体系和治理能力现代化若干重大问题的决定》，人民出版社2019年版，第12—13页。
② 《中华人民共和国村民委员会组织法》，2018年12月29日修订。

2. 民主决策

"民主决策"是提高决策科学性和可靠性的重要方法。对村干部擅权越权决策、违规照顾亲友利益等侵害村民和村集体利益的情况，必须及时加以规制，否则将产生激化基层社会矛盾，甚至危害政治安全和社会稳定的严重后果。以村民代表会议为核心的村务决策机制，可以给予村民充分表达意见和诉求的机会，能够最大限度地防止村干部以权谋私。村民代表会议不仅能对村干部决策形成有力监督，增加村务决策的可靠性、科学性，还可以平衡决策受益范围，兼顾全体村民利益，化解村民不满情绪。对民主决策的考察主要围绕村居民（代表）会议执行度、村社协商议事覆盖率等指标来进行。

3. 民主监督

"民主监督"可以确保权力运行受到有效制约。以村务公开为核心的民主监督制度，不仅可以"给村民一个明白，还干部一个清白"，而且能有效防止村干部在管理村里事务中谋取私利。村务情况定期公开，将村民心中的账与村务公开的账对账，可以清楚地发现其中是否存在问题。对民主监督的考察主要围绕村"三务公开"规范率、"五议两公开"覆盖率等指标来进行。

4. 民主管理

"民主管理"是实现人民群众主人翁地位的重要途径。考察民主管理的实际效果，在内涵上是对"民主选举、民主管理、民主监督"综合效果的考察。本报告对"民主管理"仅作狭义上的理解和限定，即村委会按照村民会议制定的村民自治章程、村规民约以及有关法律制度实施规范管理。对民主管理的考察主要围绕自治章程覆盖率、"村社两约"覆盖率、社会组织覆盖率、调解组织责任履职度、"乡村治理示范村（善治示范村）"创建率、市级民主法治村创建率等指标来进行。

（二）数据分析

1. 自治强基数据的整体分析

全国样本县自治强基一级指标平均得分为84.27分，最高得分92.50分，最低得分75.33分。各样本县得分分布见图5.1，得分在优秀区间的样本县共有27个，优秀率22.50%；得分高于80分的样本县共计114个，良好率95%；所有样本县得分均在70分以上，合格率100%。数据表明，全国样本县基层自治工作总体水平良好。

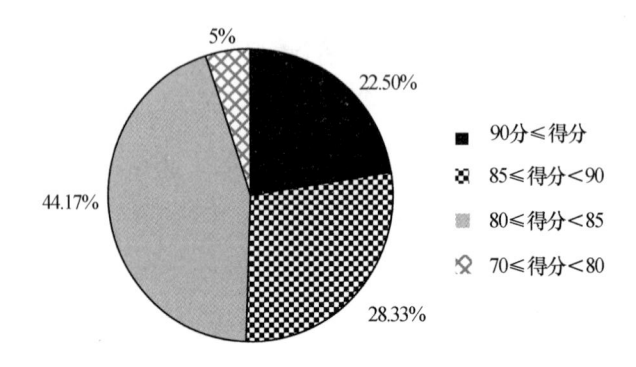

图5.1 全国样本县"自治强基"指标得分分布图

从省域层面来看，各省样本县自治强基指标平均分排名前五的为以下省份：浙江省（87.52 分）、广东省（87.10 分）、福建省（86.73 分）、北京市（86.58 分）、上海市（86.28 分）。这些省份样本县平均得分均高于 85 分，在健全基层群众自治制度及优化基层服务格局等方面的工作中取得了比较突出的成绩。

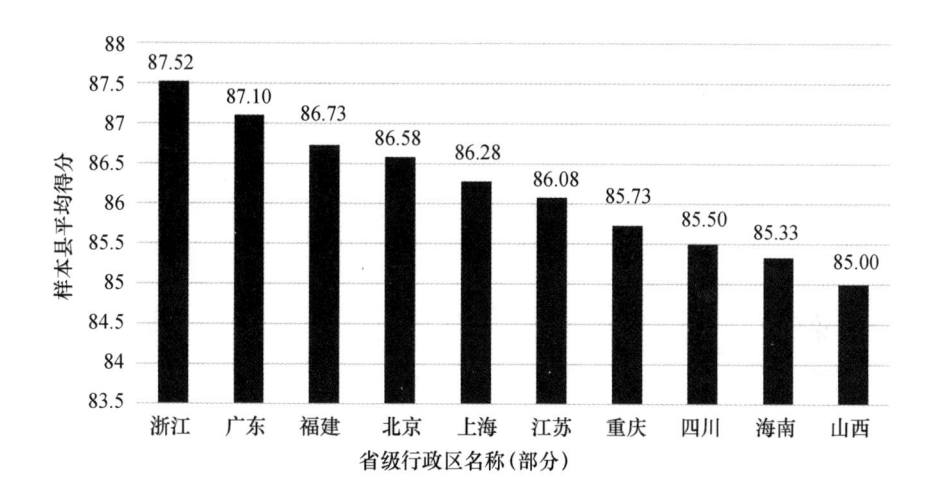

图 5.2　样本县自治强基指标平均得分排名靠前省份数据

从各省样本县得分优秀率情况来看，江、浙、沪、粤、闽五省的 28 个样本县中，得分在优秀区间的有 12 个，优秀率为 42.86%，高于全国样本县 22.50% 的优秀率；蒙、疆、青、藏、甘、黔、云、川、桂八省的 29 个样本县中，得分在优秀区间的有 3 个，优秀率为 10.34%，低于全国样本县优秀率；其余 18 个省级行政区的 63 个样本县得分在优秀区间的有 12 个，优秀率为 19.04%，接近全国样本县优秀率 22.50% 的这一数值。

数据表明，样本县平均得分排名靠前的省份基本都是东部沿海省份或直辖市。根据以上评估结果，可对村（居）民自治状况得出一个基本判断：经济发达地区优于经济落后地区。究其原因，一方面，东南沿海省份乡村经济水平普遍高于中西部乡村，发达的乡村经济为村民自治的良好发展提供了物质基础，也使地方党委和政府对公共事务有着更为强大的治理和调控能力，多元协同的治理局面更容易形成。另一方面，经济发达地区的基层群众整体受教育程度相对较高，政治参与意识、法治意识相对较强，为基层自治工作提供了更为强大的群众基础。

从县域层面来看，各样本县自治强基指标得分差距较大，最高分与最低分相差 15 分以上。观察部分得分在优秀区间的样本县情况，如图 5.3，这些样本县不论在加强村（居）民委员会规范化建设、健全村（居）民自治机制，还是在优化村（社区）服务格局方面，都取得了较为优秀的成绩。

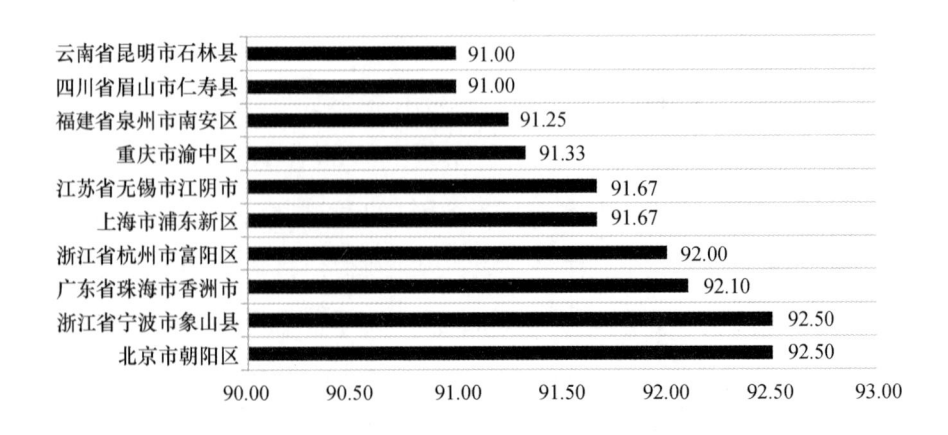

样本县	得分
云南省昆明市石林县	91.00
四川省眉山市仁寿县	91.00
福建省泉州市南安区	91.25
重庆市渝中区	91.33
江苏省无锡市江阴市	91.67
上海市浦东新区	91.67
浙江省杭州市富阳区	92.00
广东省珠海市香洲市	92.10
浙江省宁波市象山县	92.50
北京市朝阳区	92.50

图 5.3　部分优秀样本县得分情况

从调研数据和相关资料看，全国许多地方在基层自治方面取得了突出成效。以浙江省金华市武义县"后陈经验"为例。2004年6月18日，武义县后陈村创造性地设置了全国首家"村务监督委员会"，监督村务管理制度的实施和村务管理的运作。村务监督委员会制度于2010年写进《中华人民共和国村民委员会组织法》，2019年写进《中国共产党农村基层组织工作条例》。多年来，"后陈经验"在实践中不断深化发展、完善和推广。至今，后陈村村集体收入增长43倍，村民年人均收入翻三番，创造了村干部"零违纪"、村民"零上访"、工程项目"零投诉"、不合规支出"零入账"的"四零"纪录。后陈村先后获评"全国先进基层党组织""全国民主法治示范村""全国乡村治理示范村"等荣誉称号。"后陈经验"体现了全过程人民民主的重要特征。多年来，武义积极完善村级组织运行"五个一"工作机制，以村务监督委员会为平台，推进民主选举、民主协商、民主决策、民主管理、民主监督一体建设，努力构建"权力受约束、村务全公开、群众好监督、自我能纠偏"的源头治理体系，打造村级民主全链条闭环。习近平总书记曾先后8次对"后陈经验"作出重要指示批示。"后陈经验"已在全国69万余个行政村落地生根。后陈经验"与时俱进、创新发展，始终保持旺盛活力，为全过程人民民主基层实践作出了示范。

2. 自治强基若干单项指标分析

（1）"乡村治理示范村"创建率

2019年和2021年，中央农办等部门先后发布两批次"乡村治理示范村"名单，共计199个乡（镇）、1998个村（嘎查）获得认定。各省市区也结合本地实际开展了省级"乡村治理示范村"的评定，其中浙江省借力新时代枫桥经验，将"乡村治理示范村"调整为"善治示范村"，不仅重点考察乡村自治成效，也将法治、德治、智治情况纳入评定因素，"善治"的结果，就是"四治"融合的成效，进一步创新发展了新时代枫桥经验。在调研中发现，全国省级、市级的"乡村治理示范村"评定工作标准不一，各地数据统计标准和统计结果差异化较大，无法进行有效横向比对。因此，课题组不对省级、市级的"乡村治理示范村"数量进行比较，而只对样本县获得全国"乡村治理示范村"认定的情况进行考察。从整体上看，全国各省市区"乡村治理示范村"创建率均值为0.397%[①]，其中江苏（0.868%）、浙江（0.714%）、安徽（0.599%）等地高于均值，河北（0.199%）、甘肃（0.250%）、河南省（0.259%）等地低于均值，较为直观地展现了各省乡村治理示范村创建工作现状差异。

（2）村（居）委员会选举中违规操作情况

"村（居）委员会选举中违规操作情况"测评结果显示，该项指标得分良好率为77.2%，优秀率为46.4%。此次采集的数据主要反映2021年全国范围内的村级"两委"选举情况，也是村民委员会任期由3年改为5年的第一次换届情况。从公开渠道

[①] 根据国务院新闻办公室2021年12月4日发表《中国的民主》白皮书"村（居）民自治"部分显示"截至2020年底，50.3万个行政村全部建立了村民委员会"，"50.3万"是了解到的关于行政村数量的最新的公开数据。全国两批"乡村治理示范村"共计1998个，在全国行政村中占比为0.397%。

采集到的数据看，一些地方村级"两委"选举违纪问题较大，如大连市查处换届纪律问题17个，立案12件，取消候选人资格237人。网上曝出的"两委"选举违纪问题还有陕西8起，山东7起，广西6起，吉林5起，青海、内蒙古、海南、四川、河北各4起，重庆、山东、广东各2起，北京、浙江、江苏、河南各1起。从实践来看，虽然各地各部门高度重视选风选纪工作，以零容忍的态度查处各类违反换届纪律行为，形成高压态势，但现实情况不容乐观，正风肃纪工作仍需久久为功。

3. 自治强基的相关思考

随着改革的不断深入，社会矛盾进入多发期，人民群众的现实需要和思想观念越来越多样化和个性化，这对如何更加充分发挥自治作用、更加有效地开展基层社会治理提出了新要求。自治能力、主动性和参与方式三方面问题比较突出。

（1）自治能力需要进一步提升。政力有限而民力无穷，"四治"融合成效好不好，关键看自治活力大不大。在当前基层治理实践中，农村"空心化"问题突出，村里年轻人大都外出谋生，留守的多为"老弱幼残孕"村民，其参与基层治理的能力与意识较低，这直接导致基层治理中村民这一"主角"缺位。另外，作为村民自治组织的村委会人员构成相对简单，基本为本村村民，多数成员教育水平和法治素养都不高，这直接制约村民自治的能力。

（2）自治主动性需要进一步增强。村民既是基层治理主体，也是基层治理的客体，在"四治融合"中发挥主动性至关重要。实践中，村民们更多时候作为客体被安排或被动参加活动,绝大多数人处于"失语"状态。[1] 部分地区基层治理依赖传统模式,重人情、轻法治,民主自治基础薄弱,部分村民出于害怕威胁和报复的心理,对于公共事务和决策,不愿监督,也不敢监督,致使自治效果打折。

(3) 自治参与方式需要进一步创新和完善。乡镇政府作为"四治"融合治理体系的主导力量,由于思维惯性,在具体治理工作中有时主导领域过宽、涉足较深、用力过猛,限制了其他主体参与基层治理的途径和积极性,挤压了乡村自治的生长空间。乡镇政府要尽快转变角色,引导群众创新自治参与方式,拓展自治参与途径,让群众成为治理的主体,让自治的运行更具动态性、开放性和生命力,达到"我无为而民自化"(《道德性》五十七章)的境界。

(三)样本县经验——浙江象山

象山县隶属宁波市,唐神龙二年(706年)立县,位于象山港和三门湾之间,因县城西北有山"形似伏象",故名象山。象山县三面环海、两港相拥,由象山半岛东部及沿海608个岛礁组成,是典型的半岛县和全国渔业大县,经济处于东部发达县(市)的中等水平。在基层自治方面,象山县的"村民说事"制度具有借鉴意义。

---

[1] 参见钟海《三治融合基层社会治理创新研究》,中国社会科学出版社2021年版,第172页。

1. "村民说事"的产生和发展

"村民说事"制度是象山县经过长期实践探索出来的基层自治模式,是坚持和发展新时代"枫桥经验"的生动实践。"村民说事"主要围绕乡村组织建设、经济发展、美丽乡村、平安乡村创建以及小微权力和矛盾纠纷等基层群众关注的热点敏感问题,通过"说事",把群众像石榴籽一样紧紧地组织起来参与村级治理,打通了群众与群众、干部与群众、群众与组织之间的沟通桥梁。"村民说事"制度的形成与发展大致可分为三阶段。

第一阶段是探索期的落地生根阶段。"村民说事"制度确立于西周镇杰下村。西周镇是工业强镇,当时正大搞建设与开发,村里有一笔水库工程建设补偿款的去向引起了村民的不满与质疑,干群关系一度十分紧张。鉴于此,村委会专门组织了一场针对补偿款去向的情况说明会。会议当天,村民们如潮水般涌来,听村干部详细地解释每笔款项的用途与去处,村民们逐渐对补偿款的质疑消解了。村委会感觉到收益颇丰,于是将说事的做法规范化,明确了说事的固定日期、说事规则、归档要求,形成让农民自己说事、议事、主事,做到村里的事村民商量着办的自治模式,当年的全镇信访量下降了50%多。由于治理成效明显,"村民说事"制度引来了邻近村庄的效仿,一下子从个别村扩散到30多个村,起到了引领和示范作用。

第二阶段是制度化发展阶段。"村民说事"得到了县级部门的关注与肯定。2010年,象山县把这一制度推广到全县490多个村。象山县在系统性地凝练和归纳各村经验的基础上,形成了"说、议、办、评"四个环节为一体的协商民主制度，并绘制村民说事流程图，使该项制度发展成为一套常态化的自治机制，有效推动了乡村治理工作。

第三阶段是"四治"融合创新阶段。2017 年，"村民说事"制度又融入"警民说事""律师说事""法官说事""象漂说事""乡贤参事"和"小微权力清单"等，在不断加强与吸纳治理创新的过程中，形成完善的融自治、法治、德治、智治于一体的基层治理体系。2021 年，象山县将说事制度融入"浙里办"APP，推出了"村社 E 决策"线上说事系统，创新"线上+线下""现场+远程"现代化说事方式，使说事、议事、办事、评事和投票能够在线上得以实现，解决了协商主体缺位、协商过程失范等问题。2022 年，象山县编制了《"村民说事"监督规程》《村民说事操作规程》和《村级治理规范化指南》。从落地生根到制度集成，"村民说事"的制度治理效能日益提升，并引起了学者、媒体和高层领导的密切关注。2017 年，时任浙江省委书记车俊对这一制度作出高度肯定性批示，要求全省学习并积极推广这一经验。2019 年，全国乡村治理体系建设现场会在象山召开，"村民说事"制度写入国务院办公厅印发《关于加强和改进乡村治理的指导意见》，鼓励在全国进行推广。由此，"村民说事"制度成为全国学习借鉴、推广复制的基层自治样板。

2023 年，象山县紧跟时代步伐、紧贴群众需求，持续迭代打造"村民说事"2.0 版，在创设"村民说事"制度国家标准化试点的基础上，扩大说的对象、延伸说的内容、规范说的程序，形成"村民说事、村嫂说情、村舅说理、村官说法"乡村善治说系列体系，实现自治、法治、德治、智治的"四治"融合。乡村组建"说事顾问团、村嫂说情团、村舅说理团、村官说法团"等团队，在每月第四周周二设立"固定说事日"，说通了"情理法"，说出了"兴与和"，形成村级多元治理效能最大公约数。

象山"村民说事"制度是新时代农村治理体系和治理模式改革中涌现出的典型经验。该制度以发展全过程人民民主为抓手，以"说、议、办、评"为核心内容，构筑了村务管理、决策、治理、监督的全闭环，创造性地走出了一条共建共治共享的治村理事新路子。[①]

2. "村民说事"的三个环节

"村民说事"分"说""办""评"三个环节。每个环节都有具体措施。

首先，"说"的环节分为"上门说""现场说""定期说""线上说"四种方法。

一是上门说，采取村干部包片说事、队组长联组说事、党员联户说事、网格走访说事等形式，让村民吐怨言、说真话、讲实事，切实把矛盾问题找准、把广大群众心结摸透、把诉求回应办好。同时，整合全县联村干部、政法干警、村民指导员、乡村技师等10类2100多名力量下沉开展基层治理大联村工作，走村入户参与"村民说事"，变群众向上跑为干部往下沉。

---

① 参见郎友兴、万莼《乡村治理制度形成、演变与运行的机理——基于浙江省象山县"村民说事"制度的研究》，《浙江社会科学》2022年第3期，第71页。

二是现场说，根据群众需求和工作需要，将村官、村舅、村嫂组成"说事团"，赴村头、院头、码头和田间地头，通过说事说情说理说法说发展，深入一线排查化解矛盾纠纷。

三是定期说，网格每天收集汇总群众说事内容并上报村"两委"，村社每月至少安排一个固定说事日，组织村民代表、"两代表一委员"、老党员、新乡贤、流动人口等参与说事，做到有事说事，无事说发展。乡镇领导班子成员每月参加一个村的说事会，现场收集群众意见建议，集中研究解决群众诉求。

四是线上说，针对当前青壮年村民常年外出务工、经商的普遍现象，充分利用"线上说事"系统，在外村民可通过系统参与线上说事、线上表决和线上会议，形成"线下+线上"双轨说事模式，大大提升了群众参与说事的覆盖率。

其次，"办"的环节分为"全程通办""督促交办""三级联办"三种方法。

一是全程通办，对一般事项，实行村级网格员专职代办，优化调整857个网格、2225个微网格，形成基层"1+3+N"网格力量，行政村（社区）便民服务中心实现全覆盖，185项民生事项一次性办理。

二是督促交办，对村级矛盾纠纷、应急事件和群众反映涉及村庄发展等重点事项，村党组织书记督促班子成员办理。对于涉及政策性等需提交至县镇两级的事项，则启动"乡镇吹哨部门报到"机制进行交办，形成"提交—交办—办理—反馈"流程闭环。

三是三级联办，对村级不能解决的事项，统一由网格员汇总后通过基层治理智治系统提交至"一中心四平台"流转联办,每年通过系统提交诉求问题达8000余件,办结率100%。对重大事项,则落实县镇村三级联动办理机制。

再次,"评"的环节分为"群众评价""镇村互评""组织评议"三种方法。

一是群众评价,每季度由村党组织发动说事群众,采取现场评、问卷评、线上评等方式,对代办、交办、联办事件结果进行满意度评价,做到一事一评、即办即评,直至满意归档。

二是镇村互评,联村干部结合群众评价结果,对村干部工作进行评价,村干部对联村干部指导推进情况及具体联办事项办理结果进行评价,评价结果作为联村干部和村干部"岗位对责、绩效对账"及年度考核的重要内容。

三是组织评议,设定组织领导、运行实施、综合成效3大类42项具体标准,并把"村民说事"与集体经济、村庄发展、社会稳定、干部廉洁、党的建设"五张报表"考评及村主要干部"双述双评"工作相结合,每季度上墙公示"说议办评"情况,同时纳入"书记账本"、基层党组织达标创优等工作。

3. "村民说事"的现实意义

"村民说事"通过"说、议、办、评"为一体的规范化制度,实现了村级事务管理、民主决策、权力监督、矛盾化解、共建共治全闭环运行,对坚持和发现新时代"枫桥经验"、提升基层治理现代化具有现实意义,主要体现在三个方面。

一是坚持了以人民为中心的发展思想。村民说事在"说、议、办、评"四大环节中,始终突出村民这一主体,坚持遇事好好说、有事好好议、实事好好办、完事好好评，坚持干部与群众走在一起、想在一起、干在一起、连在一起，全程倾听村民呼声、全面回应群众诉求、全方位接受群众监督，遵循了"基层治理为了人民，依靠人民，治理成果由人民共享"这一原则。

二是规范了基层协商民主的表现形式。"村民说事"就是在坚持党的领导下，把"协商于民、协商为民"具体化、规范化、制度化，让群众的知情权、参与权、管理权落到实处，在不断协商民主中促进选举民主的过程。因为每干成一件"说事"难题，就会提高村组织的公信力，相当于为村组织争取了一份支持，最终都会在选举民主时体现。村民说事不仅解决群众之间的矛盾，而且通过村民说事，可以充分调动、培养群众主体意识，进而形成对基层权力的制衡，更大程度地凝聚起群众意愿最大公约数，实现了"替民作主"向"由民作主"转变。

三是搭建了"三治结合"的重要平台。"村民说事"体现了自治核心要义，在说事实施过程中不断彰显村民作为创造主体、共享主体、评价主体的地位和作用，既提升了干部素质，更提升了村民素质，使村民自治能力得到增强。体现了法治的应有之义，一方面，"村民说事"始终在法治的框架下进行，让群众在每一项"说事"过程中都能感受到公平正义。另一方面，通过"村民说事"向村民普及了法律知识，提升了村民"办事依法、遇事找法、解决问题用法、化解矛盾靠法"的法治素养。同时，"村民说事"体现了德治的情感道义，"村民说事"通过将乡规民约、道德规范、精神文明等德治相互渗透结合，充分发挥道德引领、规范、约束的内在作用，增强了村民说事的道德底蕴，为自治和法治赢得情感支持、社会认同，实现了基层治理"情理法"交融。[①]

---

① 资料来源：调研、网站和样本县提供。

六　法治保障

　　一个现代化的国家必然是一个法治国家。全面依法治国是国家治理的一场深刻革命，关系党执政兴国，关系人民幸福安康，关系国家长治久安。在化解矛盾纠纷中充分运用法治方法是新时代"枫桥经验"的重要特征。法治保障与德治、自治、智治相互融合形成新时代"枫桥经验"的基本方法，在自治、法治、德治、智治"四治"融合的治理方法中，法治是最根本的治理方法，是化解矛盾纠纷、实现基层治理现代化的保障。

　　"法治保障"指标下设党委依法执政、政府依法行政、司法公平正义、全民尊法守法四个二级指标。

（一）指标释义

1. 党委依法执政

　　依法执政是中国共产党执政理论与执政经验的科学总结，是党对执政规律的科学认识，是实现立党为公、执政为民宗旨的必然要求，是坚持党的领导、人民当家作主和依法治国有机统一的必然要求。党的执政水平体现在科学执政、民主执政、依法执政。其中，科学执政是基本前提，民主执政是本质所在，依法执政是基本途径，三者相辅相成、互为表里、辩证统一，构成了我们党执政方式的基本框架。

依法治国、依法执政、依法行政形成一个有机整体，必须共同推进。依法执政意味着党通过制定大政方针、提出立法建议、推荐重要干部等执政权力的行使，使党的主张经过法定程序成为国家意志，支持和保障人大、政府、司法机关依法履职，最终实现党的正确领导。党委依法执政能力建设是一个综合性的、与时俱进和不断创新的过程。

"党委依法执政"要求党必须在法律法规范围内活动，党员必须模范遵守国家的法律法规。各级党委要自觉运用法治思维和法治方式加强党的执政能力建设，发挥法治固根本、稳预期、利长远的保障作用。只有各级党委从人民根本利益出发，立足实际情况，解决实际问题，党委科学执政、民主执政、依法执政水平才能不断提升。政策和规范性文件的制定要坚持合法性审查，从调研、论证、听取意见、制定到执行等环节都要符合法律要求、体现人民意志。一切治理活动都要于法有据，各项工作都在法治框架内有序推进。尤其"关键少数"要牢固树立法治观念，坚持在宪法和法律的范围内活动，带头维护宪法和法律的权威。

2. 政府依法行政

法治国家、法治政府、法治社会互为条件，必须一体建设。三者相辅相成，各有侧重。其中，法治国家是法治建设的终极目标，法治政府是建设法治国家的主体，法治社会是构筑法治国家的基础。"政府依法行政"要求各级政府始终坚持"法定职责必须为、法无授权不可为"的原则，进一步优化政府职责体系和组织结构，推进机构、职能、权限、程序、责任法定化，提高行政效率和公信力。

党的二十大报告明确提出"完善基层综合执法体制机制"[①]。深化行政执法体制改革是依法行政的必然要求，只有完善基层综合执法体制机制，才能从根本上提高行政执法的效率和公信力。在执法权纵向配置上，要根据基层治理的迫切需要，合理下放基层能够有效承接的行政执法权，加强基层执法力量。在执法权横向整合上，要持续推进综合行政执法体制改革，有效整合和探索跨部门跨领域综合执法，解决权责交叉、多头执法问题。无论是政策、规范性文件，还是政府行为，依据需从群众中来，落实需到群众中去，解决实际问题并注重效率。大量的政府行为都会直接影响相对人的权利与义务。"政府依法行政"要求政府高度重视行政诉讼，"行政机关负责人出庭应诉率"就是体现政府对依法行政重视程度的指标。

3. 司法公平正义

司法公正是治理现代化的应有之义。党的二十大报告中强调，要"加快建设公正高效权威的社会主义司法制度，努力让

---

① 习近平：《高举中国特色社会主义伟大旗帜 为全面建设社会主义现代化国家而团结奋斗——在中国共产党第二十次全国代表大会上的报告》，《党的二十大报告学习辅导百问》，党建读物出版社、学习出版社2022年版，第32页。

人民群众在每一个司法案件中感受到公平正义"[1]。办理每一个案件，都要以事实为根据、以法律为准绳。办理每一个案件，要经得起专业的司法工作者判断，要经得起人民群众评价。

"司法公平正义"关系到国家长治久安与社会和谐稳定。社会的和谐稳定，最根本的是依赖法律定纷止争、维护正义。司法公正对社会公正具有重要引领作用。培根说："一次不公正的裁判，其恶果甚至超过十次犯罪。因为犯罪虽是无视法律——好比污染了水流，而不公正的审判则毁坏法律——好比污染了水源。"[2] 如果司法丧失公信力，那么就会导致人们丧失对社会公平正义的信心。面对新形势下人民内部矛盾所呈现出的新情况和新特点，必须发挥好司法在各类矛盾解决上的规范作用，不断提升社会治理法治化水平，不断增强人民群众对社会公平正义的信心，使社会和谐稳定得到更可靠的法治保障。

4. 全民尊法守法[3]

法治信仰是法治社会建设的精神源泉。法治社会的根本目标是让法治成为人民的普遍信仰，让尊法守法成为人民的生活方式。人民信仰法治，是把法治作为共同信念，把法治精神作为灵魂追求，把理性的法律作为行为准则。

---

[1] 习近平：《高举中国特色社会主义伟大旗帜 为全面建设社会主义现代化国家而团结奋斗——在中国共产党第二十次全国代表大会上的报告》，《党的二十大报告学习辅导百问》，党建读物出版社、学习出版社2022年版，第32页。

[2] ［英］弗兰西斯·培根：《人生论》，何新译，湖南出版社1987年版，第219页。

[3] 关于全民尊法守法内容，参见钱弘道《法治社会构成的要件》，《民主与法制时报》2023年10月26日。

从 1986 年开始，中国开展了史无前例具有法治启蒙意义的全民普法运动，至今完成七个普法规划，并于 2021 年启动实施"八五"普法工作。这是人类法治史上的一大创举。据统计，至全国第七个五年法治宣传教育规划实施完成时止，全国共建立青少年法治教育实践基地 3 万余个，全国共设立法治文化主题公园 3500 多个、广场 1.2 万多个、长廊 3.4 万多个。全国一村一法治文化阵地已达到 95%。3944 个全国民主法治示范村（社区）的电子地图上线运行，实行实时、动态管理，"法律明白人"广泛活跃在基层群众身边。党的十八大以来，全民普法工作取得了一系列新成就。中国设立了国家宪法日，建立了宪法宣誓制度。中央和有关部门出台了《关于实行国家机关"谁执法谁普法"普法责任制的意见》《关于加强社会主义法治文化建设的意见》《关于加强法治乡村建设的意见》《关于完善国家工作人员学法用法制度的意见》等 30 多项全民普法守法相关重要制度，形成了全民普法主干性、基础性制度。中央层面成立了落实普法责任制部际联席会议，全国普法办统一编制并公布了两批中央和国家机关普法责任清单，"谁执法谁普法"普法责任制全面实行。

（二）数据分析

1. 法治保障数据的整体分析

在省域层面，平均分在 80 分以上的样本县有浙江杭州市富阳区、金华市永康市、湖州市安吉县以及重庆市彭水县、四川成都市成华区、上海徐汇区、江西赣州市寻乌县、江苏省张家港市、湖南长沙市长沙县、福建泉州市南安市等地。这些样本县地跨东南、西南、中部地区，涉及8个省份。在"法治保障"指标项平均得分最高的几个省份中，浙江的平均得分超过80分。

表6.1　　　　省域样本县法治保障平均得分分布表

样本县平均得分范围	省域行政区个数
70≤样本县平均分<75	15
75≤样本县平均分<80	15
80≤样本县平均分<90	1

在县域层面，样本县存在不同程度的差异。"法治保障"指标得分最高的样本县为90分，最低为68.8分，各样本县得分基本集中在70—80分，合格率100%，良好率17%，见图6.1。

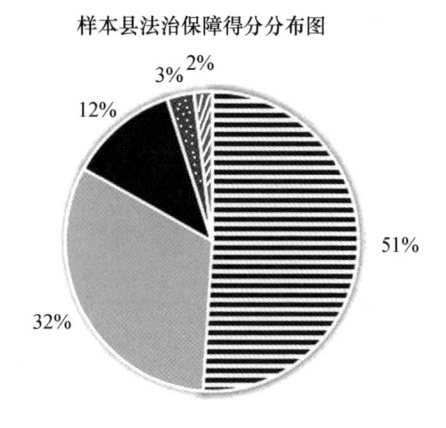

样本县法治保障得分分布图

═ 得分<75　▪ 75≤得分<80　■ 80≤得分<85　▨ 85≤得分<90　▥ 90≤得分

图6.1　样本县法治保障得分分布图

指标得分在优秀区间的有：浙江杭州市富阳区的规范性文件备案审查纠错率、律师万人比、认罪认罚从宽适用率；浙江宁波市象山县、绍兴市诸暨市的县级及以下执法人员占比、律师万人比、法治文化公园增长率；浙江金华市浦江县的规范性文件备案审查纠错率、律师万人比、法治文化公园增长率；四川成都市成华区、福建泉州市南安市、河南郑州市新密市的行政规范性文件备案审查纠错率、认罪认罚从宽适用率；湖南长沙市长沙县、上海市浦东区的县级及以下执法人员占比、认罪认罚从宽适用率；江西赣州市寻乌县、山东青岛市胶州市的法治文化公园增长率、认罪认罚从宽适用率。数据显示，总分较高的样本县，各个指标得分相对均衡，且有1—2个亮点。总分较低的样本县，基本上没有突出的亮点。

2. 法治保障若干单项指标分析

（1）规范性文件合法性审查纠错率

全面提升行政规范性文件的法治化水平，直接关系到广大人民群众的切身利益、政府形象和法治政府建设成效。2013年11月，党的十八届三中全会作出的《中共中央关于全面深化改革若干重大问题的决定》，明确提出了完善规范性文件合法性审查机制的改革任务。2018年5月，国务院办公厅印发《关于加强行政规范性文件制定和监督管理工作的通知》。2018年12月，国务院印发《关于全面推行行政规范性文件合法性审核机制的指导意见》。上述两个文件共同构成了确保行政规范性文件合法有效的基础性制度。样本县测评合格率100%，优秀率6.67%，说明近年来各地推动规范性文件合法性审查工作卓有成效。浙江省宁波市象山县、丽水市青田县、嘉兴市桐乡市，四川省成都市成华区，江苏省苏州市张家港市，福建省泉州市南安市，重庆市彭水县得分较高，纠错率100%。从数据看，各地的规范性文件备案审查纠错率得分良好。行政规范性文件备案审查纠错率是依法执政、依法行政的重要指标，对其他法治保障指标有一定的指引作用。

(2) 行政执法人员力量下沉率

长期以来，行政执法主要由县级政府部门承担，乡镇政府是配合的角色。执法人员下沉，可以更加直接地接触到实际情况，能够更加有效地开展执法工作，解决基层执法力量不足问题，提高执法效率。综合行政执法改革，目的是让乡镇一级真正发挥政府的作用与效能，从而完善健全基层治理新格局新体系。"重心下移、人员下行、资源下沉、权力下放"是综合行政执法改革的具体措施。行政执法人员力量下沉，最大限度向乡镇赋权赋能，构建起"一个主体总统筹、一支队伍管执法、一张清单管权责、一套机制管运行、一个平台抓监管"的行政执法模式。党的二十大报告明确提出"完善基层综合执法体制机制"后，各地政府普遍重视行政执法人员下沉工作。样本县"行政执法人员力量下沉率"平均分为75.5分，合格率100%。其中，浙江省金华市浦江县、金华市永康区、杭州市富阳区以及上海市徐汇区、湖南省长沙市长沙县等样本县得分较高。该指标优秀率占8.33%。大部分样本县得分处于合格、良好区间。

(3) 律师万人比

"律师万人比"体现当地公共法律服务供给水平。目前来看，样本县律师万人比平均分为 67.9 分，处于合格线上，合格率 100%。样本县分数普遍分布在 60—70 分。其中浙江省湖州市安吉县、金华市永康区、杭州市富阳区、金华市浦江县、绍兴市诸暨市、宁波市舟山市评测分数在优秀区间，优秀率 5.83%。从样本县地域评测分数分布区域来看，经济发展水平与当地律师供给水平之间存在一定的正向关系，全国范围内公共法律服务薄弱地区占比较大。为了满足基层人民群众维权需要，政府需保证区级各类公共服务法律中心、乡镇（街道）公共法律服务站、村（社）公共法律服务点的实体平台覆盖率，发挥各行各业法律专业工作人员的作用，使民众切身利益能够得到法治保障。

（4）法治文化公园增长率

样本县"法治文化公园增长率"平均分为 75.9 分。其中，浙江省嘉兴市桐乡市、舟山市普陀区、金华市浦江县，新疆维吾尔自治区阿克苏市，江西省赣州市寻乌县等样本县得分在优秀区间，优秀率 11.67%。最低分只有 50 分，分数差为 50 分。其中，浙江省各样本县分数领先其他省域。据统计，2021 年浙江省建有 2088 个法治文化阵地。公园建设是受城市自然条件和文化特色建设约束的一项内容，该指标应与当地文化建设协同发展。客观来说，这个指标会受到很多客观因素的影响，当法治公园的绝对数量达到临界值之后，这一指标也将无法实现再增长。

（5）认罪认罚从宽适用率

近年来，《中华人民共和国刑事诉讼法》认罪认罚从宽制度在各地得到广泛适用。"认罪认罚从宽适用率"平均分为 90

分，合格率100%，大部分样本县的测评分值都集中在90分左右，浙江省嘉兴市桐乡市、四川省成都市成华区、山西省临汾市洪洞县等不同省份的多数样本县处于优秀区间，优秀率高。各地对这一刑事诉讼制度的适用率很高。该指标分值的分布并没有明显的地域特点和经济发展现状所形成的明显规律性。该制度从保障人权和确保司法公正双重角度找到了一个平衡点。适用率高说明这项制度得到了普遍认同和实施。

3. 法治保障的相关思考

法治是新时代"枫桥经验"的重要元素。调研情况反映，"关键少数"的作用并没有得到充分发挥，法治合力未能充分显现，数字法治新形态还只是开始。

(1)"关键少数"要发挥"关键"作用

全面依法治国必须抓住领导干部这个"关键少数"。领导干部要学会运用法治思维和法治方式。领导干部是党依法执政、政府依法行政的"领头雁"。关键少数运用法治思维和法治手段的能力很大程度上影响着全面依法治国的方向、道路、进度。因此，"关键少数"更应当牢固树立法治观念，坚持在宪法和法律的范围内活动，带头维护宪法和法律的权威。从测评数据看，党委依法执政、政府依法行政得分相对较高，其余指标测评分数也普遍较高。领导干部对法治的态度，某种程度上能够决定法治建设的高度。一些领导干部口头说一套，行动上是另一套，甚至带头践踏法治，对法治生态产生了极大破坏作用。如何监督制约领导干部的权力，是亟须解决的重大难题。各级领导干部必须带头尊法、学法、守法，运用法治思维处理国家与社会的各种事务，提升人民群众对法律的信任，构建起全社会范围内的法治氛围。

（2）社会治理法治化需要合力

社会治理法治化需要来自政府和社会各方面的合力推动。社会治理法治化要求健全共建共治共享的社会治理制度。建设人人有责、人人尽责、人人享有的社会治理共同体，是社会治理法治化的前提。人民群众是社会治理法治化的根本力量。社会治理法治化需要实务界和理论界协同创新。长期以来，理论和实践各自为政，资源严重浪费，造成实践盲目、理论悬浮的状态，阻碍了法治建设进程。协同创新是力量资源的有效配置，能产生良好的协同效应。新时代"枫桥经验"指数和余杭法治指数的实践就是典型的协同创新模式。社会治理法治化应当也必须走协同创新的道路。

（3）数字法治是必由之路

数字法治是以数字化技术为支撑的一种法治新形态。数字法治实际上是法治系统工程的表现样式。《法治政府建设实施纲要（2021—2025年）》提出"健全法治政府建设科技保障体系，全面建设数字法治政府"[1]。法治建设必须以效果为目标。中央文件反复强调法治实效。法治建设不能搞形式主义，不能摆虚架子，不能做表面文章。数字法治有三个特征：智慧型、精准型、效率型。数字法治是通过数据资源配置提高效率。[2]

---

[1] 《法治政府建设实施纲要（2020—2025）》，中国法制出版社2021年版，第21页。

[2] 参见钱弘道、康兰平等《数字法治的基本原理及其进路》，《浙江大学学报（人文社会科学版）》2022年第9期。

从测评数据看，各地在数字法治建设方面参差不齐，且受经济发展水平和领导认知制约。浙江省经济相对发达，各级领导相对重视，数字法治领跑全国。2021年，浙江省率先在全国推动全域性数字化改革，提出以数字化改革作为新发展阶段全面深化改革的总抓手，利用数字技术和数字化思维，对省域治理的体制机制、组织架构、方式流程、手段工具进行全方位、系统性重塑，从整体上推动省域经济社会发展和治理能力的质量变革、效率变革、动力变革。国家互联网信息办公室发布的2022年数字中国发展地区评价结果显示，浙江高居榜首，浙江数字经济核心产业增加值占GDP比重达到了11.6%。数字经济直接推动了数字法治的发展。

（三）样本县经验——江苏张家港、浙江富阳

1. 江苏省苏州市张家港市

张家港市由苏州市代管，是长三角地区一座新型工业化城市，以"张家港精神"享誉全国。经济实力常年位居全国前三名，是唯一连续六届蝉联"全国文明城市"的县级市。与此同时，法治建设也走在全国前列——"创新探索新时代行政执法的张家港样本"入选全国法治政府建设示范项目，市公安局法制大队获得中共中央、国务院表彰，实现了法治建设与文明创建携手同行。

党的十八届四中全会提出要推进基层治理法治化。张家港市紧紧围绕基层治理法治化要求，以社区协商为突破口，进行了富有特色、富有成效的实践，引导村（社区）建立健全社区

协商制度,探索出一条法治政府与法治社会一体建设的新路径。2016年,张家港市"社区协商——基层治理法治化的新探索"项目获评第四届"中国法治政府奖"。

(1)"社区协商"的主要做法

一是完善社区协商制度设计。制度设计为基层治理法治化奠定坚实的组织基础。针对以往村(居)委会行政化严重、村(居)民参与自治不足等情况,搭建议事会平台,构建"党组织领导——议事会民主协商——村(居)民(代表)会议民主决策——村(居)民委员会实施——社会组织参与协助——村务监督委员会(社区居民代表)民主监督"的村(社区)基层治理新模式。

二是厘清村级组织自治边界。厘清边界为基层治理法治化奠定职能基础。出台基层自治组织"三张清单"[①],明确6类村级组织主体责任、3类村级组织协助办理事项和9类村级组织履职负面事项,并制定具有"软法"意蕴的《村规民约》等自治制度,明确行政机关和基层自治组织的权责边界。

三是营造社区协商文化氛围。营造文化氛围为基层治理法治化奠定坚实的环境基础。充分弘扬中华传统美德,以道德滋养法治精神,注重挖掘地方特色文化资源,实现"乡土文化与城市文明水乳交融",培育了善港村"善"文化、福前村"福"文化等一批社区协商品牌,为社区协商提供德法相融的社会环境。

[①] "三张清单"是指《张家港市村级组织主体责任指引清单》《张家港市村级组织协助办理事项准入指引清单》《张家港市村级组织履职负面事项清单指引目录》。

(2)"社区协商"的关键元素

坚持党建引领。在基层村（社区）全面加强党的领导，村（居）党组织充分发挥把方向、管大局、保落实的重要作用，不断提高党员干部运用法治思维和法治方式的能力，在法治轨道上深入推动社区协商。为村里制定首部"小宪法"——《善港村村民自治章程》，杨舍镇善港村党委充分尊重广大村民的意愿，广泛听取村民群众的意见，在形成自治章程草案的基础上，组织2002名村民代表进行民主表决，最终自治章程以99.15%的赞成率顺利通过。

坚持人民主体。通过村（居）议事会，广泛发动群众参与基层民主协商自治，充分保障村（居）民的知情权、参与权、表达权和监督权，实现了村（居）民自我管理、自我服务、自我教育、自我监督。锦丰镇书院社区突出"三团"作用的"援法议事"模式，受到了社区居民一致认可，形成了"群众工作群众做、全民参与当管家、小区有题大家商、社区有事大家管"的和谐氛围，妥善解决了减速带设置、停车位改造、积水池建造、健身场地改建、小区下水管网疏通等实事工程。

坚持实践养成。张家港市把提升社区协商能力作为重要抓手，在持续通过普法宣传、政策宣讲培育村（居）民公民意识的同时，2018年创新推出"民生微实事"[①] 项目，依托村（社区）议事平台，组织群众参与征询、议事、协商、监督等活动，引导村（居）民在具体议事过程中提升协商能力和法治素

---

① "民生微实事"是指充分发挥社区党组织的领导、社区居委会的统筹、社区议事会的协商、社会组织的服务等作用，以"群众点菜、政府买单"方式，短、平、快地解决与居民生活密切相关且依靠居民自身力量无法解决的小事、急事、难事。

养。截至当前，全市累计产生民生微实事项目 2179 个，覆盖100%的城市社区。

（3）"社区协商"的示范意义

张家港市"社区协商"模式是习近平法治思想在推进基层依法治理的生动实践，与新时代"枫桥经验"的坚持党建引领、坚持人民主体等内核具有鲜明的一致性。经过多年的实践，该模式的实践示范意义已充分显现，不仅被《光明日报》《长安》《紫光阁》等权威媒体广泛报道，而且获得了群众普遍认可。2022 年度江苏省法治建设群众满意度调查，张家港市以 93.29 分位居苏州第一、全省前列。

一是促进了政府职能有效转变。"社区协商"以"三张清单"厘清了政府的职能边界，划分了行政机关和基层自治组织之间的事权，实现了政府、村（居）委、村（居）民各司其职、协调配合。村（居）民通过议事会有序参与政府决策，有利于行政决策更加科学民主。将百姓需要作为基层公共服务的第一信号。通过社区协商问计于民，极大提升了政务服务的效果。行政机关从村（居）事务的"参与者"转变为"指导者"，减少了群众和政府的对立情绪，相关工作更易于推进。

二是激活了基层组织自治功能。议事会协助村（居）民决策和监督，形成"村情民知、村官民选、村策民决、村事民定、村财民管、村务民督、村绩民评、村利民享"的自治格局，提高了村（居）民参与基层治理的积极性、获得感和公民意识。群众议定的村（居）规民约弥补了法律法规的抽象性、滞后性等不足，形成"有法依法、有规依规，无法无规、村民自治"的自治规则，养成了群众办事依法、遇事找法、解决问题用法、化解矛盾靠法的行为习惯。

三是提高了县域依法治理能力。"社区协商"使得法治建设从"单打独斗"转变到"多元共治",政府内生动力和社会环境相互作用,实现了治理思维的转变;从"行政管理"到"基层治理",以社区协商等形式广泛引导公众参与,实现了治理方式的转变;从"领导满意"到"群众满意",以民意为出发点和落脚点,实现了治理效果的转变。通过法治政府和法治社会的良性互动,以最合理的资源投入产生最大的法治建设成效。①

2. 浙江省杭州市富阳区

富阳区隶属杭州市。秦时置富春县,辖境含今桐庐、建德等地。富阳自古美丽富庶,文化底蕴深厚。南北朝吴均的散文《与朱元思书》中说"风烟俱净。天山共色。从流飘荡,任意东西。自富阳至桐庐一百许里,奇山异水,天下独绝"。富阳区属全国综合实力百强区,是浙江省高质量发展建设共同富裕示范区首批试点。2021年,富阳区首创"村级述法"制度并在全区推广实行。时至今日,该制度已实施三年。2023年,富阳区立足实际,坚持和发展新时代"枫桥经验",探索创新"村级述法一件事"工作制度和方法。富阳以村(社)两委班子成员开展述法活动为切入口,努力实现基层干部群众法治素养大提升。通过不断探索和实践,从最早的"述—评—改"到"述—评—提—改—用",再发展到如今的"述—问—评—改—

---

① 资料来源:调研、网站和样本县提供。

用一建"全链条闭环,每一次细化都是富阳区对基层依法治理工作的深刻思考和扎实行动。富阳区"村级述法一件事"成功入选"长三角基层依法治理十大优秀案例"。

(1) 为乡村治理融入法治元素

"村级述法一件事"是村干部向人大代表和人民群众口头汇报法治工作的一种机制。法治建设的根基在基层,难点在乡村。富阳区把解决乡村法治作为突破口,出台《全面推行"村级述法一件事"工作的指导意见(试行)》,发布《杭州市富阳区"村级述法一件事"实施清单》。实施清单包括包含会前准备、时间安排、述法主体、报告内容、部门责任等内容,为推进"村级述法一件事"工作提供具体指导意见。万市镇彭家村是富阳区"村级述法一件事"的试点。在"村级述法一件事"报告会场景中,村干部围绕法治文化建设、公共法律服务建设、重大事项依法决策等基层依法治理各方面,用通俗易懂的语言罗列出述法内容,围绕"问题、目标、举措、成效"四张清单开展述法,向人大代表、村民代表报告个人学法、用法、守法的履职实际。村民听取汇报后可以现场提问,村干部现场解答。会议现场收集的问题被分门别类,针对简单的问题,村干部当场答复,针对较为复杂的问题则建立整改责任清单,经村务联席会议审核后提交至司法所、党政办进行联审,并予公示,在述法会后两个月内,村(社)书记需向乡镇(街道)人大主席团(居民议事会)反馈整改落实情况,从而有效落实了"述一问一评一改一用"的全链条闭环。

在"村级述法一件事"场景中,听取汇报、现场提问、现场解答,过程虽然看起来"简单",但为乡村治理融入了法治元素，营造了浓厚的法治氛围。"村级述法一件事"场景一方面促使村干部更加自觉依法办事，另一方面培养人民群众法治观念，更加尊法守法。彭家村是富阳区深入推进基层依法治理工作的一个缩影。如今，富阳区打造新时代美丽乡村依法治村建设标准体系2.0版，创新落实"述—问—评—改—用—建"六大闭环机制。截至目前，"问"的机制已收回社会测评问卷4万余份，"评"的机制已归集群众提问近七千条。

(2) 为群众解难搭建对话平台

"村级述法一件事"是解决人民群众实际问题的一项重要制度，为人民群众协商共治搭建了平台。

"村级述法一件事"关注的都是人民群众关心的大事小事，目标是实现村里的大事小事都依法办事。例如，万市镇彭家村集镇街面上有许多超市、小百货、饭店，但集镇管理不够有序，街面较为杂乱，使得集镇管理一直是彭家村的老大难问题。在述法现场会上，村民们直接向村委会提出了集镇管理的各种问题。在述法现场会后，村委会及时认真研究，召集街面商铺讨论会，明确摆放时间和地点，并邀请相关职能部门联动一起加强长效管理。

"村级述法一件事"工作充分发挥区、镇（街）两级人大和各级人大代表在基层法治建设工作中的作用。在述法活动过程中，各级人大代表（街道居民议事会成员）在述法活动前、活动中、活动后全程融入述法活动，并开展对问题整改落实情况的专项监督，确保整改落实有效，充分发挥了各级人大代表在村级述法工作中密切联系群众、收集民意、监督推动的重要作用，法治乡村建设中的"代表因子"被有效激活。

截至 2023 年 7 月中旬,万市镇 16 个村(社)都已完成 2023 年的村级述法工作,累计 1000 余人次参与了述法会议,提出问题 89 条,收集意见建议 42 条,评议代表对基层依法治村(社)的平均满意度在 98% 以上,富阳区法治浙江社会满意度连续四年位居全省前列。2021 年至今,富阳区、镇、村三级累计调处矛盾纠纷 17455 件,调处成功 17382 件,成功率高达 99.6%。[1]

(3) 为乡村法治提供样本

"村级述法一件事"是基层法治的创新做法。"述法一件事"既明确了法治工作任务,又监督了法治工作任务落实过程,还检验了法治工作的成效。这是一种从目标到效果的闭环机制。

学者认为,从目标任务角度来讲,"述法一件事"体现了党委依法执政、政府依法行政、司法公平正义、全民尊法守法、法治监督健全、法治保障有力六个维度的基层法治建设的目标任务要求。从运用法治思维和法治方式的能力角度讲,"述法一件事"是提高运用法治思维和法治方式的能力的有效方法。从培育法治理念和精神角度来讲,基层领导干部述法是自己学法、履行普法责任、培育法治理念和精神的可行途径。从法治效果来讲,"述法一件事"是通过效果评价倒逼法治工作的一种机制。"村级述法一件事"是全过程人民民主的生动实践,是坚持和发展新时代"枫桥经验"的具体行动。通过抓好村干部这一"关键少数",有效激发乡村法治和治理活力。

---

[1] 参见厉亚敏《村级述法一件事,民主法治润人心》,2023 年 8 月 28 日,人民号。

"村级述法一件事"该项制度的常态化实施,为深入推进基层依法治理提供了努力方向和具体目标。有力地推动了法治建设责任人职责向"最后一公里"延伸,让法治之光照进了乡村的每一个角落,也让群众感受到了法治建设所带来的幸福感。富阳区正在继续深化乡村法治建设工作,稳步实施乡村振兴战略,着力建设乡村依法治理新体系,谱写"共建共治共享"的民主法治新篇章,打造农村宜居宜业、农民富裕富足的乡村振兴新气象。[①]

---

① 资料来源:调研、政府网站和样本县提供。

七　德治教化

国无德不兴，人无德不立。德治是依靠道德的治理，是与法治相辅相成的一种社会治理方式。德治是新时代"枫桥经验"的重要方法，是"善治"的重要基石。党的二十大报告强调："实施公民道德建设工程，弘扬中华传统美德，加强家庭家教家风建设，加强和改进未成年人思想道德建设，推动明大德、守公德、严私德，提高人民道德水准和文明素养。"[①] 经验表明，德治作为法治的重要补充，发挥了不可替代的作用。深入推进治理现代化，必然要求把德治教化放在突出位置，以道德沁润民心，以文明引领风尚。

《新时代公民道德建设实施纲要》要求在全社会大力弘扬社会主义核心价值观，积极倡导富强民主文明和谐、自由平等公正法治、爱国敬业诚信友善，全面推进社会公德、职业道德、家庭美德、个人品德建设。"德治教化"指标下设社会公德、职业道德、家庭美德、个人品德四个二级指标。

[①] 习近平：《高举中国特色社会主义伟大旗帜　为全面建设社会主义现代化国家而团结奋斗——在中国共产党第二十次全国代表大会上的报告》，《党的二十大报告学习辅导百问》，党建读物出版社、学习出版社2022年版，第34页。

（一）指标释义

1. 社会公德

"社会公德"就是人们常说的"公德"，是指人们在社会交往和公共生活中应该遵循的行为准则，是约定俗成的应该做什么和不应该做什么的行为规范。社会公德要求人们在社会上做一名好公民。每个人的一举一动、一言一行都会给他人带来影响。社会公德是保证个人和集体正常工作、学习和生活的条件。古人说："积善成德，而神明自得。"（《荀子·劝学》）社会公德就是要求每个人以善待人，善言善行。社会公德是人们精神面貌的反映，是社会风气的重要体现。社会公德状况是衡量精神文明程度的标尺。社会公德对社会道德风尚的影响稳定而深刻、广泛而持久。基层社会许多矛盾纠纷的产生都跟社会公德相关。坚持和发展新时代"枫桥经验"，必须大力倡导社会公德，树立高尚的社会风气，预防化解矛盾纠纷。

2. 职业道德

"职业道德"是人们在职业活动中应该遵循的行为准则。职业道德既是对本职人员在职业活动中行为的要求，又是本职人员对社会所负的道德职责与义务。敬岗爱业、诚实守信、办事公正、服务群众、奉献社会等都是职业道德的体现。职业道德是社会道德体系的重要组成部分。一个人如何对待职业，如何对待工作，也是一个人生活态度、价值观念、道德水准的表现。职业道德是一个职业集体、行业全体人员的行为表现。全国"五一劳动奖章"、全国职工职业道德建设标兵、廉政勤政优秀党员干部等都是职业道德模范的楷模与榜样。长期以来，各行各业涌现了一大批职业道德模范，铸就了"爱岗敬业、争创一流、艰苦奋斗、勇于创新、淡泊名利、甘于奉献"的劳模精神。坚持和发展新时代"枫桥经验"，就要鼓励更多的人向职业道德模范学习。

3. 家庭美德

"家庭美德"是每个公民在家庭生活中应该遵循的行为准则。尊老爱幼、男女平等、夫妻和睦、勤俭持家、邻里互助等都是家庭美德的内容。《钱氏家训》中的"家庭篇"代表了中国传统文化对"家庭美德"的要求："欲造优美之家庭，须立良好之规则。内外六闲整洁，尊卑次序谨严。父母伯叔孝敬欢愉，姒娌弟兄和睦友爱。祖宗虽远，祭祀宜诚；子孙虽愚，诗书须读。娶媳求淑女，勿计妆奁；嫁女择佳婿，勿慕富贵。家富提携宗族，置义塾与公田；岁饥赈济亲朋，筹仁浆与义粟。勤俭为本，自必丰亨；忠厚传家，乃能长久。"（《钱氏家训》）家和万事兴。一家人和和睦睦，很多事情都会顺顺利利。家庭纠纷一般都跟家庭成员是否遵守家庭行为规则相关。家庭美德涵盖了夫妻、长幼、邻里之间的关系。个人生活的幸福与否和是否拥有一个和睦、温馨的家庭密切相关。"家庭美德"直接影响儿童和青少年的健康成长。家庭成员宽以待人、严以律己，将家庭美德时刻放在心中，共同珍惜、培养和发展夫妻爱情、长幼亲情、邻里友情，传递正能量，不仅关系到每个家庭的美满幸福，也有利于社会的安定和谐。各地在坚持和发展新时代"枫桥经验"的过程中，涌现了一大批"模范家庭""最美家庭""文明家庭"，就是"家庭美德"的具体体现。

4. 个人品德

"个人品德"是社会道德原则和规范在个人思想和行为中的体现。个人品德的评价标准可以概括为一个"善"字。《道德经》说："圣人无常心，以百姓心为心。善者，吾善之；不善者，吾亦善之；德善。信者，吾信之；不信者，吾亦信之；德信。"（《道德经》第四十九章）《道德经》实际上是为所有人提出了一个评价个人品德的最高标准。达到最高标准的人被称为"圣人"。个人品德决定着一个人在实际生活和社会实践中的行为选择，以及对各种关系的协调和处理，直接显示出个人素质和境界的高低。个人品德的提升，不但直接成为社会道德水平的有机组成部分，还可以通过自身的影响和带动，为社会道德更大程度的发展进步开辟道路、提供动力。坚持和发展新时代"枫桥经验"，一定要高度重视个人品德的培养。在经济发展和道德滑坡二律背反的情形下，如何提升个人品德是社会治理的大问题、大难题。

（二）数据分析

1. 德治教化数据的整体分析

本次测评所有样本县的"德治教化"指标平均得分为71.52分，良好率为56.67%。其中有28个样本县得分高于80分，占全部参评样本县的23.33%，尤其是浙江绍兴市诸暨市、宁波市象山县、嘉兴市桐乡市、杭州市富阳区，江西九江市浔阳区，云南昆明市石林县，黑龙江齐齐哈尔市甘南县，江苏常州市溧阳市，这些样本县得分超过了85分。

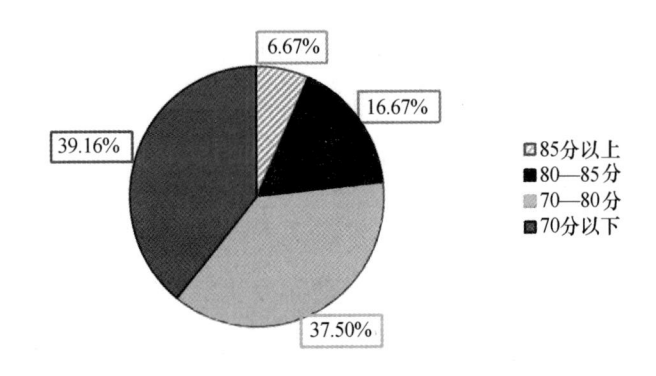

图7.1 全国样本县德治教化指标得分占比

在省域层面，平均得分最高的十个省份中，有一半省份得分超过了80分，其中，北京市84.25分，有的省份在80分以下，整体差距较为明显。

80分以上的区县分布于浙江（7个）、北京（3个）、上海（3个）、福建（3个）、黑龙江（3个）、江苏（2个）、河北（2个）、广东（1个）、安徽（1个）、湖南（1个）、江西（1个）、云南（1个）。数据和相关资料表明，这些省域对德治十分重视，积极将德治融入社会治理，形成一些创新做法，为进一步推广新时代"枫桥经验"提供了样本经验。

一些省域在个别指标上的工作比较突出。例如：北京市、上海市、福建省、安徽省、广西壮族自治区、海南省、河北省、黑龙江省在"省级以上文明单位数量"上得分进入优秀区间。北京市、福建省、黑龙江省在"省级以上信用指数得分及排名"得分都超过 90 分，表现优秀。

在县域层面，指标得分在 80 分以上的 28 个样本县中有浙江绍兴市诸暨市、福建泉州市安溪县、黑龙江齐齐哈尔市甘南县、云南昆明市石林县等。其中，福建泉州市安溪县、云南昆明市石林县、黑龙江齐齐哈尔市甘南县有一半指标进入优秀区间。指标数据反映，虽然 28 个优秀区县表现突出，但提升空间仍然很大，相关工作仍需进一步加强。

样本县的"德治教化"部分指标（万人失信率、文化礼堂建成率、省级以上文明单位数量、省级以上信用指数）平均得分分布情况如图 7.2 所示：

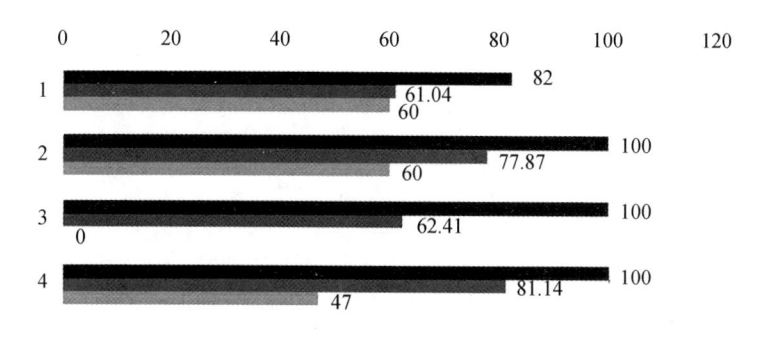

■2022年样本县最高值　■2022年样本县平均值　■2022年样本县最低值

图 7.2　德治教化指标得分情况

平均分最高的指标为省级以上信用指数，得分超过 85 分的有 23 个，平均分为 81.14 分，合格率达 96.67%。由此可见，各地非常重视省级以上信用指数排名。得分相对较低的指标是万人失信率，其得分超过 80 分的仅 1 个。平均分较低的指标为省级以上文明单位数量，其平均分为 62.41 分。

2. 德治教化若干单项指标分析

（1）万人失信率

"万人失信率"得分全部合格。上海市黄浦区得分超过80分。大部分样本县的得分仅在及格线以上，数据不是很理想。从调研情况看，一些企业反映，政府不讲诚信，不及时履行合同。企业违约很普遍，个人不讲信用屡见不鲜。诚信是契约精神的内核，是法治的根基。各地应当将诚信作为德法的突破点。

（2）文化礼堂建成率

"文化礼堂建成率"得分合格率达100%。一些样本县得分良好，如浙江嘉兴市桐乡市、江苏常州市溧阳市、江西九江市浔阳区、新疆乌鲁木齐市头屯河区、云南保山市腾冲市、云南昆明市石林县、黑龙江齐齐哈尔市甘南县等。浙江温州市瓯海区已建成文化礼堂145家，覆盖110个行政村。有条件的样本县在2020年文化礼堂建设实现500人以上行政村全覆盖。由此可推断，各地对于文化礼堂的建设非常重视，也取得了不错的成绩。

（3）省级以上文明单位数量

"省级以上文明单位数量"得分合格率达62.50%。56.67%的样本县得分超过80分。得分优秀的样本县分布于大部分省份。其中，北京海淀区、北京西城区、北京朝阳区、广东广州市越秀区、海南保亭黎族苗族自治县、海南琼海市、山东青岛市胶州市、重庆渝中区和重庆永川区表现较为优秀。据此可知，大部分样本县都很重视省级以上文明单位的建设。但也有部分省份，例如，甘肃省样本县得分不理想，省域之间的差异较大。

(4) 省级以上信用指数

"省级以上信用指数"排名得分合格率达96.67%。88.33%的样本县得分超过80分。北京海淀区、北京西城区、北京朝阳区、浙江绍兴市诸暨市、浙江丽水市青田县、福建福州市福清市、福建泉州市安溪县、广东珠海市香洲区、黑龙江鹤岗市南山区、江苏苏州市张家港市和青海西宁市湟中区的信用指数排名得分名列前茅。

3. 德治教化的相关思考

从样本县数据中可以看出，参与测评的样本县均在德治教化方面积极开展了相关工作，并取得了一定的成效。数据同时表明，各地的努力空间还很大。以下几方面应当引起各地重视：

(1) 加强信用建设

万人失信率数据不是很理想，说明信用建设任重道远。信用建设直接影响营商环境，直接影响法治的基础。一个信用建设薄弱的地方，经济发展会受到严重阻碍。信用建设是难题，大部分样本县需要强化信用建设。客观上，一些地方领导对信用建设重视程度不够，在信用建设方面缺少应有的人力、物力投入。信用建设需要全社会的努力。政府诚信、司法诚信、企业信用、个人信用不能偏废。信用评估机制应该得到更好推广。

(2) 加强乡村道德建设

长期以来，乡村道德建设没有引起足够重视，也缺少有效的方法。一些基层社会矛盾纠纷都跟整体道德水平相关。基层治理中存在优秀道德教化作用弱化、乡规民约局限性突显、农村道德评价机制不完善等各种情况。化解矛盾纠纷治标不治本，忽视从源头上通过道德教化方法预防矛盾纠纷。一些地方根据上级要求建立乡贤组织也是徒有虚名，并未在乡村道德教化中发挥应有的作用。文化礼堂建成后空置，并未发挥实质性的作用。各地在推进乡村德治过程中，应当创新方法，重视各方面的资源整合。

（3）弘扬中华优秀传统文化和社会主义核心价值观

中华优秀传统文化具有自我完善、迭代更新的基因属性。习近平总书记指出："中华优秀传统文化中很多思想理念和道德规范，不论过去还是现在，都有其永不褪色的价值。"[1] 中华优秀传统文化蕴含的优质基因与强大生命力，为中国式现代化形成发展提供了强大精神支撑。社会主义核心价值观是全国各族人民共同认同的价值观"最大公约数"，是社会主义道德的集中体现。在坚持和发展新时代"枫桥经验"、推进基层治理现代化进程中，必须弘扬中华优秀传统文化和社会主义核心价值观，加强社会公德、职业道德、家庭美德、个人品德建设，形成人人讲道德、人人重修养、人人促和谐的社会氛围。

---

[1] 习近平：《在文艺工作座谈会上的讲话》，《人民日报》2015年10月15日，第2版。

（三）样本县经验——浙江富阳、江西浔阳

1. 浙江省杭州市富阳区

近年来，杭州市富阳区紧紧围绕中央和省市关于加强基层社会治理的决策部署，针对"乡村群众参与度低、风险隐患难排查""城郊人口流动性大、治理底数难摸清""城区网格划分过大、精准服务难保障"等不同治理焦点，推行"家和睦邻"创新工程，从时间、空间、难易程度等三个不同纬度，努力实现矛盾纠纷"小事不过夜、大事不满月""家事不出村、邻事不出镇""初访不过村书记、重访不过镇书记"工作目标，最终营造"家庭和谐、邻里和睦"的良好社会氛围，传承并升华新时代"枫桥经验"内涵，不断提升居民群众幸福感、获得感、安全感。

(1) 聚焦乡村治理，做精镇村矛盾纠纷调解体系

主要做法是做实做深"排查、化解、预防"三端，使矛盾纠纷止于未发、终于萌芽。

一是做实排查掌全量。纵向织密镇、村社、网格"三级包保"网络，推行"镇街干部组团包村社、村社干部分片包网格、村民代表及党员干部包小格联户"的"三包"机制，落实信息采集包圆、群众需求包人、重点问题包案的"三包"要求，确保排查走在调解前。横向打通信息共享网络，区级通过社会治理中心汇聚部门涉纠纷类信息，镇级通过综合信息指挥室汇聚科室涉纠纷类信息。区镇两级同步信息交互并建立矛盾纠纷汇总清单，全量动态掌握辖区纠纷情况。

二是做实化解减存量。责任压实上，强化镇、村书记为第一责任人的"首席调解员"制度，并组建"老娘舅""和事佬"等专兼职调解分队。机制建立上，推行"三道防线"工作法。第一道防线由村民代表、党员骨干组成，注重初发问题"化早化小"，矛盾不激化；第二道防线由村社干部负责，压实一般问题"首办责任"，矛盾不过夜；第三道防线由镇村书记严守，实行重点问题"包案销号"，矛盾不上交。

三是做实预防控增量。聚焦乡风赋能，实施全域乡村德治创建工程，形成具有浓郁地方文化色彩的乡村德治评价体系。开展"乡风文明荣辱榜""最美劳动者"系列评比，举办"弘扬好家风、传承好家训"主题活动，持续传递向上、向善正能量。聚焦数字赋能，通过"民呼必应"模块，实现群众身边"小事"和诉求"一呼即应、一应即办、一办即好"，真正在源头预防矛盾纠纷发生。累计收集居民上报事件33万件，受理率、办结率、满意率均达到98%以上。

（2）聚焦城郊治理，做优流动人口服务管理体系

主要做法是以"实际共同居住"重新定义"家庭"概念，即将每一户出租房作为一户"家庭"，创新"以房管人"机制，不断提升社会治理精准度。

一是全域数字建档。将"区内跨镇"与"市内区外"流动人员均纳入"流动人口"管理范畴。发动镇村干部、网格、房东、企业等人员力量，通过租客申报、房东录入、网格补漏多种模式，全量摸清实有人口和实有"家庭"底数，建立"一户一档""一人一档"。

二是全面精准画像。通过PC端、移动端实时汇聚基层采

集和部门推送的纠纷信息（包含情感、经济、邻里等七大类），实现跨部门、跨业务、跨区域的数据协同。制定系统自动赋分细则，按照守法、平安、和谐三类一级指数，以及涉警、涉诉等十类二级指数进行"红、黄、绿"自动赋分、在线预警。

三是全时巡查走访。乡镇（街道）在系统自动赋分基础上，对所有"家庭"进行每月动态研判确定三色码。统筹党委政府、部门（群团）、乡镇（村社）、社会组织等力量，综合运用纠纷调处、心理服务、困难救助、司法干预等措施给予"一户一策"精细化解。对可能存在现实风险的流动人员实行"一个问题告知房东及用工单位，两个问题辖区派出所上门告诫教育，三个以上问题联合惩戒"的方式，提升管理质效；针对日常走访发现的生活困难、就业需求等情况，积极开展生活帮扶、就业指导等举措，提升服务水平。

（3）聚焦城区治理，做强基层治理实战体系

主要做法是推动治理流程重塑、治理队伍重整、治理模式重构，提升事件处置质效，持续夯实基层治理基础。

一是线上一网览全域。推行"三个统一"建设，构建全区基层智治体系，即：统一信息归口，依托"一网统管"，对接联通"110联动""12345"等业务系统，实现"一室控全局"。统一指令出口，由镇街党委书记担任指挥长，实现了工作指令多个口子进、一个口子出。统一人员办公，选优配强指挥室运行人员，确保指挥调度、视频巡查、事件流转等24小时在线。通过"三个统一"建设，基层智治系统基本建成。

二是线下一网掌全局。延伸治理触角，将优化调整全区网

格，下设微网格，配足"1+3+N"团队。细化压实网格长"5全面"、专职网格员"7个必"、兼职网格员"6协助"、网格指导员"5强化"、微网格长"6大员"岗位职责，实现区级"强指挥"、镇街"重实战"、村社"抓落地"、网格"强执行"。

三是一支队伍管到底。建立"1+8"工作体系，推动综合执法、市场监管等力量下沉，吸纳镇自配力量，组成"一支队伍管执法"核心框架。梳理下放高频、高发的简单执法事项，通过"赋权+派驻+一专多能"模式，实行"综合查一次"，有效解决条块分割、"两张皮"问题。

"家和睦邻"工程自推行以来，全区民转刑案事件下降80%、婚姻家事纠纷诉讼数下降14.4%、区长公开电话满意率上升5%，群众安全感连续5年零失分（全省唯一），为传承和发扬新时代"枫桥经验"提供富阳样板。

2. 江西省九江市浔阳区

九江市作为赣鄂皖区域中心和长江经济带重要节点城市，历史文化悠久，自古以来就有"九派浔阳郡，分明似画图"的美誉。浔阳建城至今已有2200多年历史，是我国历史上著名的"三大茶市""四大米市"之一，区内有琵琶亭、浔阳楼、烟水亭等丰富的人文旅游资源。近年来，浔阳区紧紧围绕建设"活力、魅力、聚力"目标，不断增强城市文化发展内生动力，开创浔阳高质量跨越式发展新局面。

（1）提质增效，推进公共文化设施逐步完善

浔阳区公共文化设施建设全面提速，公共文化服务体系建

设创新发展。目前,已有国家一级文化馆1个,国家三级图书馆1个,街道综合文化站5个,社区(村)综合文化活动中心80个,基本建成"区有文图两馆、街道有综合文化站、社区(村)有文化活动中心"的三级全覆盖文化设施网络,文化场馆成为服务群众的新载体。浔阳区把"推进公共图书馆总分馆制,扩大基层图书馆分馆覆盖面"作为文化高质量发展的重要途径,已建成文化馆分馆5个,图书馆分馆32个,不断满足群众日益增长的精神文化需求,实现文化资源互联互通、共建共享。

(2) 以民为本,文化惠民活动不断深入

文化惠民工程是全国人民物质生活水平快步提高之后惠及全国人民、普及大众文化的一项伟大工程。浔阳区依托本地优秀文化资源优势,以文化惠民、遗产保护利用、文旅融合为抓手,守正创新,全力打造"浔阳一家亲""浔悦读""浔城记忆"文化IP,围绕喜迎党的二十大、我们的节日、廉洁文化等主题,常态化开展"浔悦读"全民阅读、"浔阳一家亲"惠民文化活动,组织开展"新春送春联""弘扬雷锋精神""红色课堂进校园"等系列线上线下活动每年超过100场次,免费放映公益电影每年超过100场次,探索走出一条推动浔阳文化融入百姓生活的新实践之路。重点打造浔阳历史文化知识普及视频栏目——"浔城记忆",更新推出诗韵浔阳、历史文化街区、浔阳非遗、九江近代名人等4个系列24讲,在人民网、新华网、凤凰网、学习强国等平台推送,点击量达800万余次,讲好浔阳故事,传播好浔阳声音。

(3) 阵地打造,培育精神文明新风尚

浔阳区聚焦公共文化服务"最后一公里",按照"就近就便、惠民利民"原则，整合党群服务中心、综合性公共文化服务中心、综治中心、城市书房等基层活动场地，精准对接群众公共文化服务需求。目前，高标准打造1个区级实践中心，街道实践所5个、社区实践站82个、延伸实践点13个，融合思想引领、理论宣讲、文化传承、志愿服务等功能，实现区、街道、社区三级阵地全覆盖，各类资源激活、整合、下沉、共享。整合提升志愿服务组织，已组建378支志愿服务队伍，每年开展各类志愿活动8千余场，涵盖政策宣讲、文娱服务、科普教育等多个领域。坚持培育和践行社会主义核心价值观，以建设文明家庭、传承优良家风为重点，开展"最美家庭""星级文明户"等群众推荐评议活动，在全区形成爱国爱家、向上向善、共建共享的社会主义文明新风尚。[①]

[①] 资料来源：调研、网站和样本县提供。

八　智治支撑

"智治支撑"是指通过数字化手段推进基层治理,提高基层治理的精准性、高效性和科学性。通过信息化、智能化推动社会治理体制机制、组织架构、治理方式、手段工具优化变革,保障社会的安全和稳定,提高效率、效益和便利性。党的十八大以来,中共中央就治理数字化建设作出了一系列决策部署。《中共中央 国务院关于加强基层治理体系和治理能力现代化建设的意见》要求"加强基层智慧能力建设""提高基层治理数字化智能化水平"[①]。课题组针对有的地方存在推进社会治理数字化建设基本思路不明确、缺乏整体规划等问题,设立"智治支撑"指标,明确智治的目标要求和基本思路,确保基层智治规划体现党和国家的工作要求,以智治助推基层治理水平整体提升。

"智治支撑"是新时代"枫桥经验"在数字时代的创新发展,也是坚持和发展"枫桥经验"在数字时代的技术保障。

---

① 《中共中央 国务院关于加强基层治理体系和治理能力现代化建设的意见》,2021年7月11日,中国政府网。

"智治支撑"下设平台基础、智治效能、智治获得三个二级指标。

（一）指标释义

1. 平台基础

平台建设是"智治支撑"的前提。"智治支撑"能力首先体现在平台建设状况上。数字政府、数字法院、数字检察都需要平台归集相关部门数据，设置指挥调度、风险研判、矛盾化解、网格服务等应用模块，做到全域感知、深度思考、使用便捷。数字治理能力集中体现在通过数字化平台的数据采集系统能力。数字治理平台需要具备有效采集、清洗、筛选、加工等处理能力。数字治理平台还必须具有数据共享能力。数据共享是大数据产生价值的根本。没有共享，就无所谓开放。数据共享是全国各地数字治理推进过程中最直接最普遍的难题。当前，数据共享普遍缺乏驱动力，"不愿""不敢""不会"共享是普遍状态。

2. 智治效能

"智治支撑"水平要看效能。效能要看数字化具体产生的效果。"智治效能"指标用来考察数字化、智能化是否在加强治安防控、优化交通出行、服务城市管理、创新社会治理等方面发挥了作用、提升了治理效能。首先，"智治效能"体现在数字化、智能化是否真正推动实现群防群治常态化。"智治效能"要求通过数字化、智能化实现治理流程闭环、多网融合。

其次,"智治效能"体现在数字化、智能化是否实现指挥调度现代化。数字化、智能化是否实现数据汇聚、数据分析、指挥调度、智能预警等功能,实行"受理、执行、督办、考核"的工作闭环管理机制,是检验"智治效能"的主要内容。再次,"智治效能"体现在数字化、智能化是否实现基层自治智慧化。"智治效能"最后要打通"最后一公里"。"智慧社区"要实现智能化、信息化和便民化应用,要看智能门禁、人脸识别、车辆识别、视频监控等感知安防体系是否实现对社区异常行为、事件、态势的自动预测预警等功能。

3. 智治获得

"智治支撑"最终取决于人民群众的获得感。获得感是"智治效能"的结果。例如,对于年龄较大的人群来说,人脸识别检票系统,一开始普遍不大会使用,但随着这项技术的普遍应用,且实际使用体验中过检速度比过去大大提升,人们也逐渐懂得该如何操作,并越来越接受这种智能检票方式,由此人民群众就自然产生了获得感。又如,当今的网格化管理采用数字赋能,在实践中大大提升了社区治理效能,也确实增强了居民的获得感和幸福感。

(二)数据分析

1. 智治支撑数据的整体分析

在测评的样本县中,"智治支撑"得分在90分以上的共有4个,分别是河南省郑州市巩义市、浙江省绍兴市上虞区、浙江省丽水市青田县、浙江省湖州市安吉县；85分至90分的地区有17个，占比14.66%；75分至85分的地区有94个，占比81.03%；75分以下1个，占比0.86%。

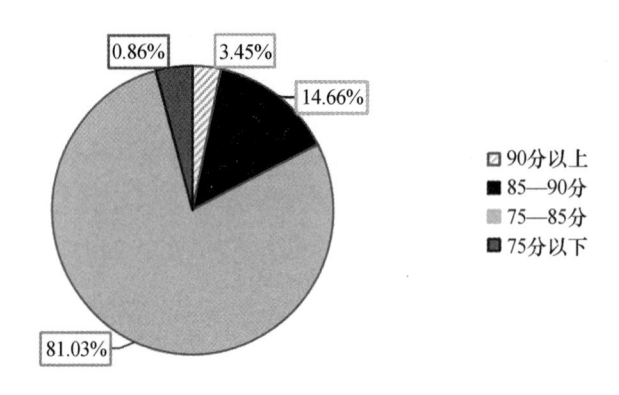

图8.1 智治支撑指标全国样本县得分占比

上述数据表明，各地已经基本落实了数字治理的保障体系，并正在将数字治理应用到基层社会治理各方面，基层数字治理保障体系、应用体系已形成相应基础，基层社会治理现代化的技术保障状态良好。

表8.1 "智治支撑"一级/二级指标得分情况

指标名称	平均分	最高分	最低分	中位数
智治支撑（一级）	79.67	93.33	51.67	78.33
政府云平台可靠率（二级）	76.68	100	60	75
共享法庭普及率（二级）	81.47	100	80	80
村级事务"阳光公开"监管平台覆盖率（二级）	80.86	100	0	80

在省域层面，"智治支撑"指标综合得分80分以上的样本县分布于浙江（8个）、河南（2个）、云南（2个）、重庆（1个）、四川（1个）、湖南（1个）、新疆（1个）、福建（1个）、宁夏（1个）、青海（1个）、辽宁（1个）、广西（1个）、黑龙江（1个）、江苏（1个）。从获得优良成绩的县域分布来看，这些地区覆盖了从南到北、从西到东的经济发达地区、经济相对落后地区、东部人口密集地区、地广人稀的西北地区，也覆盖了少数民族自治区及边境地区。

"智治支撑"指标得分最高的10个样本县中4个分数进入优秀区间。从地域分布来看，前10名覆盖了我国东部、中部、西部及边疆地区，其中，浙江样本县占比相对较高。从成绩优秀的样本县地域分布可知，信息化支撑在我国已经成为治理现代化的重要基石，"智治支撑"已经成为基层治理的重要抓手。上述样本县在"智治支撑"建设上已经逐渐摸索出一些经验，这对其他地区社会治理信息化、智能化建设提供有益的参考。

2. 智治支撑若干单项指标分析

"智治支撑"指标主要选择了各地具有共通性的数据指标。在"智治支撑"指标中，我们以"政府云平台可靠率""共享法庭"普及率、村级事务"阳光公开"监管平台覆盖率为例，"智治支撑"融入基层治理的颗粒度是实现信息传递真实、及时、完备的前提，为多元纠纷化解、实现社会平安和谐提供信息系统支撑。

（1）政府云平台可靠率

"政府云平台可靠率"体现各样本县数据系统的稳定性、

"智治支撑"体系的稳定性。该指标的平均得分为 76.68 分，有 9 个样本县为满分，优秀率为 7.5%，其中浙江 2 个、云南 2 个、重庆 1 个、湖南 1 个、河南 1 个、新疆 1 个、宁夏 1 个。值得关注的是参评的云南、新疆、宁夏等地均有"政府云平台可靠率"进入优秀区间的样本县，例如云南省昆明市石林县、云南省保山市腾冲市、新疆维吾尔自治区克拉玛依市克拉玛依区等。可见，数字基础设施建设在我国已有了较快进展，基本覆盖全国各省基层地区。

（2）"共享法庭"普及率

"共享法庭"普及率从纠纷化解角度反映基层治理融入数字化的广度和深度。该指标平均得分为 81.47 分，有 9 个样本县为满分，优秀率为 7.5%，其中浙江 7 个、重庆 1 个、河南 1 个。共享法庭源于浙江，2011 年 11 月浙江省通过了《浙江省全面加强"共享法庭"建设健全"四治"融合城乡基层治理体系的指导意见》，目标是将"共享法庭"打造成一站式诉讼服务、一站式多元解纷、一站式基层治理的最小支点。"共享法庭"打破了空间时间的限制，通过数字技术将社会基层治理各方人员链接起来，整合基层治理各方力量，实现了信息高效传递，通过法院对和解协议的司法确认，实现了法律服务的便捷、高效。由于这项指标源于浙江，本项指标 9 个满分样本县中浙江占了 7 个，其中有 5 个样本县的"共享法庭"普及率达到 100%，分别为温州市瓯海区、绍兴市上虞区、湖州市安吉县、绍兴市诸暨市、丽水市青田县；另外 2 个样本县的"共享法庭"普及率也都达到了 95% 及以上，分别为舟山市普陀区、宁波市象山县，浙江的成绩并不意外。值得关注的是重庆、河南也有满分样本县,而且参加测评的所有样本县,除浙江外,该项指标得分均进入良好区间。可见,"共享法庭"这一基层治理"浙江经验"已经在全国获得复制、推广。

(3) 村级事务"阳光公开"监管平台覆盖率

村级事务"阳光公开"监管平台覆盖率反映智治覆盖群众范围。该指标的平均得分为80.86分,优秀率为7.5%。得分在优秀区间的有浙江2个、重庆1个、江苏1个、福建1个、四川1个、河南1个、辽宁1个、青海1个。青海、四川等省在该项指标上都有进入优秀区间的样本县,例如青海省西宁市湟中区、四川省眉山市仁寿县。村务事务监管平台的覆盖率是实现农村基层信息公开、决策民主的技术保障,是实现全过程人民民主的重要技术支撑。从参与评估的样本县来看,本项指标的均值进入良好区间;除个别地方外,参与评估的样本县得分均在80分以上。

针对"智治支撑"这三项指标进行深入分析,我们发现这三项指标的得分分布较为均匀,三个单项在优秀区间的分别有9个样本县;除个别例外,其余样本县得分基本均等。这一分值的均匀分布,是由"智治支撑"指标的特征导致。"智治支撑"依赖的数字基础设施、应用场景建设均具有较强的系统性、普及性,从上到下贯通。重点考察的三项指标与数字技术设施有强相关性,因此成绩分布较为均匀。

3. 智治支撑的相关思考

全国各地区"智治支撑"指标项综合得分集中在75分至85分之间,占比超过八成。数据表明基层治理中的信息化、智能化建设已经取得较好成绩，但是我们也要看到部分指标反映了"智治支撑"仍存在很大短板。

（1）数字基础设施已有相应基础

从"政府云平台可靠率"指标来看，处于东部区域的浙江省数字化建设一直处于全国前列，两个样本县该项指标进入优秀区间。值得关注的是数字基础保障体系建设中，新疆、宁夏、云南均有样本县进入优秀区间，这说明我国数字基础建设已按照规划稳步推进，并辐射全国。自 2014 年习近平总书记在中央网络安全和信息化领导小组第一次会议上强调"建设网络强国的战略部署要与'两个一百年'奋斗目标同步推进，向着网络基础设施基本普及、自主创新能力显著增强、信息网络安全保障有力的目标不断前进"[①] 以来，中国的数字基础设施建设稳步推进，面向新时代的一系列部署也相继展开，正在不断推进基础设施建设。"宽带中国"战略得到全面落地，东西部一起发力，目前京津冀、长三角、粤港澳、成渝、内蒙古、贵州、甘肃、宁夏等地已经启动了国家算力枢纽节点，反映在"智治支撑"指标上，我国治理现代化的技术保障体系已经初步建成，并且运行安全顺畅。

（2）"智治支撑"实际效能需进一步提升

数字治理应用场景已经全面铺开。数字治理应用场景建设、应用效果、实际治理效能有所提升，但"智治支撑"对治理实际效能提升的量度尚需要更多维度数据来支撑分析。数字治理创新是治理理念、处理方式、治理流程、公共服务模式的

---

① 习近平：《在践行新发展理念上先行一步 让互联网更好造福国家和人民》，《紫光阁》2016 年 5 月 1 日，第 8 版。

变革创新，必须依赖数字治理平台这一新型基础设施。"共享法庭"普及率和村级事务"阳光公开"监管平台覆盖率，体现的是数字治理平台在基层的普及率和覆盖率。前者聚焦纠纷多元化解为中心的基层治理平台，后者关注村级事务阳光工程。村级事务"阳光公开"监管平台是完善党务、村务、财务"三公开"，推进村级事务透明化，加强对村级权力有效监管、形成村民议事协商制度的数字平台。从这两项数据的实际得分看，平均分均在80分以上，与"共享法庭"普及率这一源于浙江省的特色数字治理创新相比，村级事务"阳光公开"监管平台覆盖率更具代表性。中共中央办公厅、国务院办公厅于2019年出台的《关于加强和改进乡村治理的指导意见》明确全面试行村级事务"阳光工程"，推广村级事务"阳光公开"监管平台。目前来看，实际效果明显，村级事务"阳光公开"监管平台覆盖率进入优秀区间的地区不仅覆盖了东部发达区县如浙江，也有中部地区如河南，还包括了西部地区如广西、青海等地。

通过对村级事务"阳光公开"监管平台覆盖率、重大行政决策公共参与率、群体性事件数、信访量数据的相关性分析，得出的结果在相关性上并不明显，"共享法庭"普及率与矛盾纠纷就地化解率、平安建设群众参与率等相关性分析结果也显示相关性不明显。这说明仅仅依靠数字新型基础设施的普及并不能自然实现基层治理效能的提升。基层治理整体现代化和治理能力的提升依然需要有力的领导和有效的组织能力、财政支持、多元主体的积极参与。前述三项指标在判定"智治支撑"与相关基层治理效能提升的相关性上，存在数据维度缺失，应增加时间比较维度数据、具体数字治理场景与参与人员、相关人员的调查数据以及治理效能感受数据，进行深入多维度分析。

综合测评数据和实践案例，我们认为应进一步运用数字化、智能化手段融入基层社会治理，提升数字赋能，为社会治理增强"智治支撑"，加速打造智慧治理数据大脑，推进基层治理微平台建设，加大"枫桥式"特色基层治理数字化模式推广应用，进一步畅通"市镇村网"四级治理节点，积极探索"枫桥式"基层治理数字化协同应用场景，着力打造基层整体智治路径。

（3）数据共享难题必须解决

如果数据共享难题无法解决，那么，不仅无法实现整体数字法治，而且会造成巨大浪费。第一，数据共享机制。在推进数字法治的过程中，虽然政府和司法机关都忙于采集、整合和利用数据，但数据资源共享和需求之间存在着严重割裂，影响了跨层级、跨地域、跨系统、跨部门、跨业务的数据交流和业务协同，造成整体数字治理受困于众多"数据孤岛"形成的局部场景应用的束缚，陷入数据共享长期无法突破的困局。数据"不愿""不敢""不会"共享应从机制入手破解。第二，数据共享利益。数据共享本质上是利益问题。"不愿"共享的要害是利益。政府部门往往习惯于把政府信息视为部门利益和权力象征。一些掌握了丰富数据资源的部门公开和共享的动力不足，影响了跨行业数据融合的深入应用。如果地区或部门利益至上，那么一地创新数字治理平台，就不能实现及时多地复用共享。客观上，数据管理和存储缺乏统一的平台和标准，开放共享成本高，也影响开放共享的积极性。第三，数据共享技术实践中面临"不能"共享难题。治理信息多元分布，数据整合难度大，共享技术存在局限性，打破信息孤岛成本高、效率低。实践中普遍存在的情况是数据共享缺乏标准体系支撑，各方数据应用平台采取的处理技术及平台接口各异，导致治理数据共享无法实现。政府部门和司法机关自身信息化技术力量薄弱，大多数委托系统集成、软件开发等技术公司进行平台建设及后期运维，很难形成以打通"数据壁垒"为目标的技术力量持续跟进。[①]

（三）样本县经验——浙江永康、衢江

1. 浙江省金华市永康市

永康隶属金华市，总面积 1049 平方公里，户籍人口 62.1 万人，登记外来流动人口 60.65 万人。永康经济活跃、产业发达，被誉为"世界五金之都"，全市登记各类市场主体超过 15 万户，其中规上企业超千家，是浙江的工业大市。南宋时期思想家、政治家陈亮出生于此，开创"永康学派"，提倡"义利并举"，影响深远。本次全国样本县测评中，永康在智治支撑板块取得了良好成绩，这与永康市数字化改革背景下产生的"诉源智治·龙山经验"综合应用密不可分。

（1）"龙山经验"的产生

"龙山经验"发源于永康龙山、西溪两镇，两镇经济发展

[①] 参见钱弘道、康兰平等《数字法治的基本原理及其进路》，《浙江大学学报》（人文社会科学版）2022 年第 9 期。

起步早、市场化程度较高、外来务工人口多，社会矛盾纠纷高发多发。2013 年，永康恢复设立龙山法庭，下辖龙山、西溪两镇，法庭收案量即达到了 806 件。永康法院龙山法庭及所辖两镇结合实际先试先行，依托当地陈亮"义利并举"思想与"无讼"文化理念，坚持和发展新时代"枫桥经验"，探索形成了"党委领导、各方联动、靠前履职、分层递进、矛盾减少"的"龙山经验"，法庭收案量持续下降至 2022 年的 123 件，降幅达 84.74%。自 2018 年全域推广以来，永康一审民商事案件收案量从 2018 年的 10555 件持续下降至 2022 年的 6373 件，降幅达 39.62%。同时，永康将"龙山经验"内涵从以诉源治理为主向诉源、警源、访源"三源共治"迭代，呈现行政争议减少、综治及营商环境优化、信访量逐年下降的良好态势。

"龙山经验"的一大亮点就是"诉源智治·龙山经验"综合应用，这是新时代"枫桥经验"指数场景应用的一个小切口。应用围绕诉源治理工作中全貌掌控存在困难、风险感知滞后、治理力量薄弱、治理责任不实等问题，通过指数统领、系统贯通、信息共享，协同社会治理中心、信访局、公安局等 8 个部门，打通基层治理四平台、矛调协同应用平台、人民调解大数据平台等 11 个解纷平台，打造了"指数画像、风险预警、协同治理、考核评价"四大场景，构建了"评价—预警—治理—优化"量化闭环，实现治理工作全貌总览、治理风险实时感知、治理力量各方联动、治理能力持续优化，诉源治理向数字化迭代升级。应用于 2021 年 11 月在 PC 端上线，2022 年 1 月在"浙政钉"上线。截至 2023 年 7 月底，通过应用分流化解成功纠纷 5784 件。

（2）通过指数画像，实现诉源治理成效可视化

对诉源治理进行定性定量分析，设计了一套指标体系，目前已迭代指数4.0版。定性分析从诉源治理内涵入手，以减少诉讼性纠纷为目标，以诉源治理的基本要素为内容。指标体系由4项一级指标、12项二级指标、42项三级指标组成，对各镇（街道、区）矛盾纠纷自我防范、矛盾纠纷化解举措、矛盾纠纷化解成效、成诉纠纷化解成效进行智能测算评价。全市各镇（街道、区）的指数情况可以通过应用界面一图概览，地图以"绿蓝橙红"进行四色分级，划分为"低风险、中风险、较高风险、高风险"四种状态，实现一图全览，突破了诉源治理可视化的难题。

（3）通过风险预警，实现诉源治理风险可监测

风险评估、预警和应对是基层治理中非常重要的环节。诉源治理要求提升预警研判能力，充分运用数字化平台，强化矛盾分级研判、人员多维建档、风险预警防范和全程监测评估，提升重大风险研判能力。在"诉源智治·龙山经验"综合应用场景中，设置了指数预警、动态预警以及类案预警。以指数预警为例，该应用为12项核心指标设置了预警阈值，在数据抓取过程中，一旦发现数据超出了设定值，就会触发应用的指数预警机制。风险预警机制强化矛盾风险态势发展的评价，为相关部门提前防控化解重大矛盾风险、应对各种治理需求和治理危机创造了条件。如2022年，应用从"民呼我为"等多个平台抓取到永康涉村集体纠纷多发，尤其是诉讼案件同比上升11.7%，执行案件从1件上升到67件，自动生成分析报告推送至政法委，并呈报给市委主要领导，领导立即作出批示在全市

开展专项整治。经整治，全市化解了 203 件涉村集体纠纷，同类案件收案量同比下降 63.5%，一揽子解决了行政村规模调整的"后遗症"。

（4）通过协同联动，实现协同治理力量可整合

通过诉源治理各项数据的聚合，突破时间、空间、平台、部门的限制，集成治调人员、经验、案例，形成法官、调解员、代表委员等各方力量联动模式，原本分散的调解力量通过"解纷智库"得到有效整合。需调解的纠纷通过数字化平台可以在智库内迅速匹配生成调解团队进行专业调解，通过该应用进行分流的纠纷事件平均化解纠纷时长缩短 10 天，化解成功率提高了 14%。如 2022 年 3 月，应用监测到永康市唐先镇发生上百人讨薪事件，应用自动匹配推荐 3 名调解员、1 名代表委员、1 名指导法官组成调解团队，市社会治理中心依托应用迅速指派任务，调解团队通过 3 小时协力化解即成功化解纠纷。

（5）通过考核评价，实现诉源治理体系可持续

在该应用场景中，平台通过多方数据抓取，构建了对优秀指标、优秀人员、典型案例的全方位量化评价和激励体系。针对调解难题，通过应用数字分析整合"攻坚清单"，由各镇街区揭榜攻坚，化解成绩显著者将在"优秀人员"榜单得以展示激励，形成典型案例 10 例，发出提醒督办函 6 件，督促属地认领攻坚任务 22 次，激发诉源治理内生动力。此外，平台设置了诉前预分案模块，在分流阶段匹配指导法官，指导调解不成功而进入诉讼阶段的案件，由该名法官直接办理，充分体现了职能前移的机制保障，实现了非诉解纷法官全域指导，并强化

了诉调有效衔接。诉前调解成效不断优化，2023年上半年永康市万人成讼率降至25.21%，同比下降7.75%，诉前化解成功率提升至45.15%。①

2. 浙江省衢州市衢江区

衢江以水为名、因水而兴、以水为美，地处浙、闽、赣、皖四省边际，素有"衢通四省"之称。衢江区前身为衢县，始建于东汉初平三年（192年），至今已有1800多年历史。衢江区入选2018全国"幸福百县榜"、2021年度"中国乡村振兴十大示范县市"、中国营商环境百佳示范县市、浙江高质量发展建设共同富裕示范区首批试点。衢江区按照数字化改革、全面深化改革、共同富裕示范区重大改革一体推进的思路，坚持和发展新时代"枫桥经验"，坚持系统集成、整体智治，高效协同、整体跃升，一体推动基层智治系统建设。基层智治系统建设是用数字化手段破解基层治理难题的"浙江答案"。改革的核心在于深化"县乡一体、条抓块统"改革，迭代升级"141"体系，加快建设基层治理大脑，打造高效协同、整体智治的基层治理体系。衢江区在"云智衢江"基础上迭代升级，以大脑建设支撑数据全量归集、应用上下贯通，变事后处置为提前预警，推动"一屏观全域，一网管全区"。

(1) 重塑职能，对准"4条跑道"

基层智治系统设"党建统领、经济生态、平安法治、公共服务"4条跑道。

---

① "龙山经验"参见钱弘道《诉源治理的基本内涵和数字化进路》，《人民法院报》2022年10月27日，第8版。

线上，按照综合集成、协同赋能、急用先行原则，向上承接数字化改革6大系统综合应用。向下贯通省市应用，着力做强乡镇四平台模块功能，梳理形成37类、336项一级事项，涵盖乡镇核心业务。目前4条跑道已集成22个应用，初步实现各类应用越往下越集成、越符合基层实际需求。

线下，优化乡镇模块化运行机制，将功能业务相近、职责职能相同、工作内容相似的机构和岗位有机融合，对准4条跑道构建4大模块，实现线上、线下一体运行，并将乡镇内设机构"一对一"或"多对一"嵌入模块，实现乡镇内设机构高位"瘦身"，精简内设机构26.4%。

（2）重建"大脑"，强化智力支撑

基层智治大脑是数据事件的归集地、重大应用的集成地、基层治理的闭环地。衢江区聚焦事件闭环管理，完善多跨协同机制，归集78个部门800余项基础数据，汇总"七张问题清单"、应急救灾等全领域信息6393万余条，集成29项市级大脑组件，完成基层智治大脑框架搭建，围绕"一图、两指数、三台、四跑道"等核心要素，赋能基层智治综合应用，优化完善"一屏两端"，"掌上基层""掌上指挥"整合为"掌上治理"移动应用，贯通至网格。

（3）重整架构，建强指挥体系

一是提升中心"统筹"功能。设立基层治理委员会，由区委书记担任委员会主任，区长任副主任，实行区委主导、中心主抓、部门协同的运行模式，下设区社会治理中心，一般工作中心推进，重大突发事项委员会研判决策。

二是提升乡镇"枢纽"功能。在乡镇综合信息指挥室增设

1名部管干部担任专职副主任，设置4+X岗位，实战运行信息归集、预警分析、全天候值班等10大机制，对上做好与区社会治理中心的汇报沟通、协调对接，对下负责基层网格的管理、考核、培训、指导等工作，实现信息受理、研判交办、执行处置、办结反馈、评价考核的闭环管理。

三是提升网格"底座"功能。聚焦网格治理盲点，在商业楼宇、市场商超、产业园区、学校医院、建设工地等9个重点领域，设立77个专属网格，实行分类管理；聚焦打造"最小作战单元"，优化调整全区"微网格"，科学设置划分标准，配强人员，破解基层治理"最后一米"短板，提高日常治理能力与快响激活能力。

(4) 重组队伍，推动力量下沉

一是整合执法队伍。组建区综合行政执法局、区综合行政执法指导办，完成122名市级执法人员的转隶工作，把13支部门执法队伍整合为6支，构建形成"1+5"的执法体系。

二是推动力量下沉。精选214名部门骨干充实到乡镇一线，下沉比例达75%，其中45周岁以下占比78%，并将下沉力量全部纳入乡镇模块，日常管理单列考核、四维考评，出台派驻干部管理办法，设置25%的考核优秀比例等"关爱十条"，体现基层导向、一线关爱。同时，突出主责主业，梳理派驻干部职责边界清单，建立履职档案，破解派驻干部融合难等问题。

三是优化编制配备。按照基层管理体制改革"一下沉、五统筹"要求，从区级部门下沉17名行政编制、63名事业编制到乡镇，统筹全区面上33名行政编制和71名事业编制，核减乡镇 25 个股级职数，设立编制周转池和职数周转池，用于乡镇阶段性重点任务攻坚。

四是补齐法治短板。设立区级合法性审查中心、9 个乡镇设立合法性审查分中心（拟增挂法制工作办公室牌子），为"一支队伍管执法"提供了强有力的法治保障。

(5) 重理事项，推动协同高效

衢江区坚持"小切口、大场景"，在原有 17 件基层治理"一件事"基础上，聚焦共同富裕，市区一体梳理推出初信初访、政策兑现、共富培训、农业龙头企业+产业促富 4 个共富"一件事"，实现"一件事"从社会治理领域向经济社会发展全领域拓展延伸。

目前，初信初访"一件事"已打通四平台、村情通、民政、公安等 12 个部门数据，归集 5 万多条全量信息进行复盘溯源，初步形成了基层矛盾纠纷排查化解倒逼机制。政策兑现"一件事"已上线运行，兑现耗时从原来的 10 天以上缩短至 3 天以内，全区已累计兑现惠企资金 2.2 亿元，惠及企业 1646 家，占全年应兑总资金的 62%；共富培训"一件事"上线以来，已归集全区 7 个部门培训资源、师资力量 372 人，累计发布培训计划 112 次，报名 411 人、开班 9 个；农业龙头企业+产业促富"一件事"S0 版已建设完成，并在"浙里办"上架，已引导衢州翔龙农业发展有限公司等 3 家农业龙头企业、5 个村集体与 11 户低收入农户参与，初步形成"农业龙头企业+村集体+农户"的共富模式。

(6) 重整考核，实现精准考评

做实部门乡镇"双向考评"、下沉干部"四维考评"，并延伸至村社一级。"双向考评"的方法是,乡镇对部门评价赋分,分值不低于部门年终综合考评的 10%,考准考实"属地管理"、人员力量下沉等工作落实情况,推动部门乡镇权责同担。"四维考评"体系由"岗位赋分+模块评分+组团积分+专班计分"4 个模块构成,其中岗位赋分、模块评分、组团积分分别占 25%、40%、35% 的权重。"四维考评"通过以事赋权、以绩争分,推动年轻干部提潜力、年长干部激活力、班子成员增动力、派驻干部聚合力。①

① 资料来源:调研、网站和样本县提供。

九　矛盾化解

"枫桥经验"从产生时起,一直围绕矛盾化解这个中心工作展开的。虽然,不同的阶级的矛盾表现形式不一样,但依靠人民群众化解矛盾纠纷这条主线一直没有变。因此,矛盾纠纷就地化解是新时代"枫桥经验"的"看家本领"。新时代"枫桥经验"以化解矛盾纠纷为基本内容,党的十八大以来,全国各地坚持和发展新时代"枫桥经验",不断深化村、镇、县三级的矛盾化解工作,回应了矛盾化解工作的需求,促进了"横向到边、纵向到底"的基层解纷服务大格局的形成。

"矛盾化解"是新时代"枫桥经验"的关键性一级指标。"矛盾化解"以"小事不出村(社)""大事不出镇(街道)""难事不出县(市区)"3个二级指标来评估矛盾化解工作的推进情况和效果。

(一)指标释义

1. 小事不出村

"小事不出村"主要反映的是矛盾纠纷在村社层级得到化

解的程度与成效，也是新时代"枫桥经验"在政治结构最末梢的直接体现。"小事不出村"是新时代"枫桥经验"源头化解矛盾纠纷的核心，强调村（社区）层级治理主体对矛盾纠纷的预防力、化解力、执行力，力求依托村（社区）基层熟人社会的特性来解决具体矛盾纠纷，并在村（社区）内部形成解决小事的规则与秩序。因此，课题组除了参考各村（社区）具体矛盾化解工作成效外，还将从各村（社区）承担矛盾调解相关工作的人员到位程度、矛盾调解相关平台的运行成效、非矛盾调解路径的纠纷处置情况等角度出发，对各村（社区）基层化解矛盾纠纷的工作水平以及各村（社区）是否已经形成矛盾纠纷内部化解的规则秩序情况进行多维度的综合评估。

2. 大事不出镇

"大事不出镇"是新时代"枫桥经验"在乡镇（街道）层级的工作目标。"大事不出镇"反映的是矛盾纠纷案件在乡镇（街道）层级的化解程度与成效，乡镇（街道）需要处理的矛盾纠纷案件较之村（社区）层级的会更为复杂，牵扯的人员或组织亦会更多样。在中国基层，乡镇（街道）往往与其对应辖区内的村（社区）保持着紧密关系，不仅可及时弥补村（社区）层级矛盾调解工作中的疏漏，也可承接村（社区）无法依靠自力解决的各类问题，某种程度上可以说承担着部门与村（社区）之间的"缓冲带"作用。乡镇（街道）层级的行政力量与执法司法队伍一般会通过配置更优质的人民调解资源、充分发挥"枫桥式"派出所作为下沉治安力量的作用等方式，来提升乡镇（街道）层面矛盾化解工作的针对性与成功率。因此，当遇到仅依靠村（社区）的行政资源与社会资源无法顺利解决的矛盾纠纷案件时，新时代"枫桥经验"要求尽量在乡镇（街道）层级对这类矛盾纠纷案件予以化解。为此课题组设置了"大事不出镇"指标，从人民调解、行业调解、行政调解、乡镇（街道）层级调解工作实际成效等角度出发，全面评估各地区乡镇（街道）层级矛盾纠纷源头化解工作推进水平。

3. 难事不出县

"难事不出县"反映的是矛盾纠纷案件在县层级的化解强度与成效。"难事不出县"是新时代"枫桥经验"落实"矛盾不上交"理念的最后一道防线，要求以县（市、区）层级为矛盾化解的终点站。随着社会的快速发展，人民群众的矛盾纠纷也日益复杂化、多元化，容易出现久拖不决的历史遗留矛盾纠纷、涉及多方利益的矛盾纠纷、跨乡镇（街道）或跨部门单位的矛盾纠纷，形成重大疑难案件。这些案件在复杂程度、处置所需资源等方面已超出乡镇（街道）与村社基层的处置应对能力，需要通过县（市、区）级的更专业、更规范、更有力的解纷力量予以化解，以达到"把矛盾留在基层"的效果。为此，课题组设置了"难事不出县"指标，结合品牌调解、专业社会机构调解等更具有县（市、区）层级特色的解纷队伍到位情况与工作成效，来对县（市、区）层级的矛盾化解工作水平进行全面评估。

（二）数据分析

1. 矛盾化解数据的整体分析

经过对矛盾化解一级、二级、三级指标对应得分的汇集、清洗、整理、计算，可基本掌握全国参评样本县在矛盾化解整体与各项工作推进的整体情况。

表9.1 "矛盾化解"一级/二级指标得分情况

指标名称	平均分	最高分	最低分	中位值
矛盾化解（一级）	81.58	91.88	72.5	81.25
小事不出村（社）（二级）	82.07	100	70	80
大事不出镇（街道）（二级）	87.31	100	50	90
难事不出县（二级）	78.39	88.75	61	77.5

通过对矛盾化解各级指标的平均分、最高分、最低分、中位值的计算可知，当前基层社会治理工作中，矛盾调解工作推进水平整体平均分为81.58分，处于良好区间。这说明当前大多数地区均较为重视矛盾调解工作，且能基本保证矛盾纠纷案件在基层的有效化解。

如图9.1所示，目前各样本县矛盾纠纷化解整体工作得分处于优良（即得分≥80分）的约占全部参评样本县的56%，而有近半数的样本县未能在矛盾化解整体工作中获得优良评分。这也说明了矛盾化解工作在各地的推进力度与完成情况仍存在地区的差异。如何优化完善矛盾化解工作，充分体现矛盾化解的实际效果，应是下一阶段各样本县需要考虑的重点。

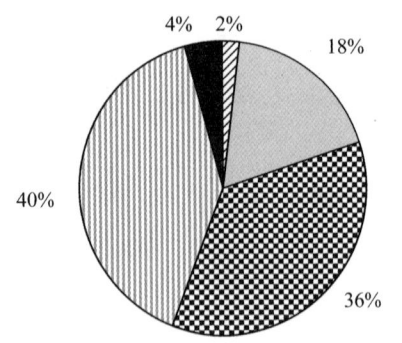

图 9.1 矛盾化解一级指标得分分布情况

本次测评样本县平均得分为 81.70 分，其中有 24 个样本县的矛盾化解指标得分高于 85 分，占全体参评样本县的 20%。有 11 个样本县在一半以上的三级矛盾化解指标上得分均高于 90 分，占全体参评样本县的 9.1%，分别是福建泉州市南安市、广西黔南州福泉市、江苏无锡市江阴市、江苏张家港市、青海西宁市湟中区、四川成都市成华区、四川省眉山市仁寿县、新疆阿克苏市、浙江温州市瓯海区、浙江绍兴市上虞区、浙江嘉兴市桐乡市、浙江金华市浦江县。

在省域层面，85 分以上的样本县分布于浙江（5 个）、新疆（4 个）、四川（2 个）、福建（2 个）、青海（2 个）、甘肃（1 个）、贵州（2 个）、黑龙江（1 个）、湖南（1 个）、江苏（2 个）、江西（1 个）、宁夏（1 个）。可见，这些省份对于新时代"枫桥经验"的推广总体上十分重视，其基层政府更能将新时代"枫桥经验"切实融入自身治理实践，这为以后在其省内进一步推广新时代"枫桥经验"提供了样本。过半数指标得分进入优秀区间的样本县分布于浙江、新疆、四川、青海、江苏、福建。

一些省域在单项指标上的成绩值得关注。例如：北京所有参评样本县的矛盾纠纷就地化解率、万人成讼率均在优秀区间；广西壮族自治区、江西省、云南省、新疆维吾尔自治区和宁夏回族自治区所有参评样本县的矛盾纠纷就地化解率均在优秀区间。

在县域层面，一方面，前述24个85分以上的样本县只有福建泉州市安溪县、贵州毕节市织金县、青海海东市民和县、四川眉山市仁寿县、新疆博尔塔拉自治州精河县、浙江丽水市青田县、浙江金华市浦江县为"县"，其他均为"市""区"。而这7个"县"中只有金华市浦江县、眉山市仁寿县的半数指标达到90分以上。这也反映了我国城乡二元经济社会结构、人口流动等对基层矛盾纠纷解决工作的影响。由于城市化进程中，"市""区"会获得更好的资源和条件，而"县"则不仅纠纷解决条件和资源相对逊色，且其纠纷也愈益多元，因此各地应更重视"县"的基层纠纷解决工作。另一方面，上述24个样本县表现虽然可圈可点，但其工作仍然有许多尚待改进的空间。例如：新疆阿克苏的县级社会治理中心业务处理率需要提高，四川成都市成华区行政复议化解工作需要加强，江苏张家港市的信访量尚需进一步控制，浙江金华市浦江县在村社专兼职调解员覆盖率方面也尚需进一步努力。样本县矛盾化解工作推进方法与工作重心上也存在一定区域差异。例如：江苏无锡市江阴市和苏州市张家港市的县级社会治理中心业务处理率均在优秀区间；四川成都市成华区与四川眉山市仁寿县的村社专兼职调解员覆盖率均在优秀区间，信访量均为90分以上；浙江金华市浦江县与浙江嘉兴市桐乡市万人成讼率均在优秀区间。

为了掌握样本县矛盾纠纷源头化解工作在村（社区）落实的情况，课题组对"小事不出村"二级指标得分分布进行了计算。

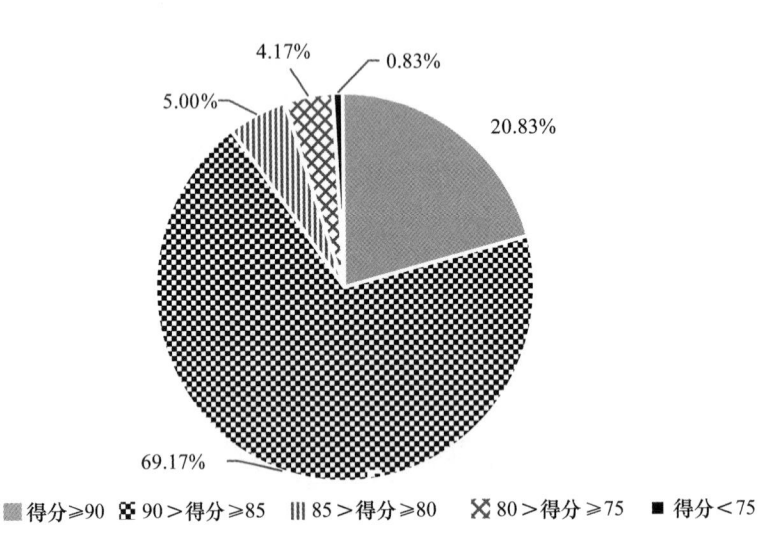

图9.2 "小事不出村"二级指标得分分布

根据图9.2可知，95%的样本县此项指标得分超过80分，处于优良以上水平。表现比较突出的是浙江省，有近半数样本县在该项得分中超过90分。

为了掌握当前乡镇（街道）矛盾纠纷案件化解工作水平，我们对"大事不出镇"二级指标分布进行计算分析。

乡镇（街道）矛盾纠纷源头化解工作水平较为优秀。其中，约有61%的参评样本县在90分以上，仅有1个样本县该项得分低于80分。同时，发达地区、较发达地区与欠发达地区的乡镇（街道）矛盾纠纷化解工作的得分平均数值均靠近优秀区间。这说明当前各样本县推进乡镇（街道）的矛盾调解工作的力度均较为有力，能很好地回应乡镇（街道）对矛盾纠纷源头化解的需求。

为了更准确地了解各样本县处置矛盾纠纷案件的能力，我们对"难事不出县"二级指标进行统计，从矛盾纠纷工作的数字化、系统化与其成效等多个方面分析刻画样本县矛盾纠纷化解工作的状态。

图9.3显示，三分之二的样本县矛盾化解工作得分低于优良区间，有18%的样本县得分未达75分且没有样本县在该项指标得分进入优秀区间。这说明当前大多数样本县对矛盾纠纷化解工作的执行力度有待进一步提升。

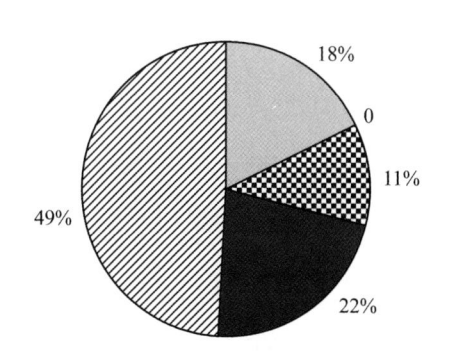

图9.3 "难事不出县"二级指标得分分布

2. 矛盾化解若干三级指标分析

（1）县级社会治理中心业务处理率

"县级社会治理中心业务处理率"得分合格率达95.73%，良好率达12.82%，优秀率达8.33%。得分为优秀的样本县分布于浙江、贵州、江苏、宁夏、青海、新疆、广东等七个省区，包括浙江台州市路桥区、贵州黔南布依族苗族自治州福泉市、江苏无锡市江阴市、宁夏银川市金凤区、青海海东市民和县、新疆克拉玛依市克拉玛依区、广东珠海香洲区等样本县。据此可知，虽然大多数的县级社会治理中心业务处理率工作基本到位，但尚有很大提升空间。原因除了矛盾纠纷错综复杂外，与各地社会治理中心近年刚成立不久也有关系。浙江等地之所以表现优秀是因为起步较早、基础较好。因此，县级社会治理中心相应人员、条件的进一步落实、配合及管理结构的优化将成为有效完成该指标任务的着力点。

(2) 万人成讼率

"万人成讼率"得分合格率达100%，良好率达99.15%，优秀率达15.38%。北京、福建、海南、河南、湖南、江苏、江西、青海、浙江九个省份都有优秀样本县。其中江苏苏州市张家港市的万人成讼率为0.37%，浙江温州市瓯海区的万人成讼率为0.5%。而北京市海淀区近五年的万人成讼率为2.03%，2022年的万人成讼率则为1.94%。各地在万人成讼率方面的工作基本保持良好态势，提升空间很大。不过，相关数据也体现了一个问题：城市化所导致的人口数量增多、结构多元、流动性强并不利于万人成讼率的下降，城市化程度高的样本县应该评分不高，而既有数据的表现却相反，最为明显的例子就是北京。其原因可能是：其一，城市化较高的地区其一般性规范较为健全，法律实施相对透明，即使人员流动强、结构多元，也能有较为明确的生活预期，因此成讼率相对低；其二，由于意识到城市化容易引起万人成讼率的上升，且万人成讼率对于该样本县的稳定会产生较大影响,当地政府会加大投入以致力于有效识别相应风险进而降低万人成讼率。

(3)信访量

"信访量"得分合格率达100%,良好率达22.22%,优秀率达20.51%。得分最高的样本县分布于福建、甘肃、河南、内蒙古、青海、四川、新疆、浙江、重庆九个省份。其中河南省郑州市巩义市2022年的信访量仅为98件,四川省眉山市仁寿县2022年的信访量仅123件。此外,在湖南参评的4个样本县中,有3个样本县达到90分以上。不过,各样本县信访量即便在省内,分差距离也较明显。据此可知,对于信访量的控制工作各地都已采取了措施。信访工作要实现法治化,既要控制信访量,又要保障上访人权益,而不能采取"拦访、截访"等硬措施。因此,各地不仅要把握新时代"枫桥经验"预防纠纷的诉源治理要义,还要兼顾其"有效解决纠纷、回应民众真实诉求"的丰富内涵。

(4)省级及以上"枫桥式"司法所数量

"省级及以上'枫桥式'司法所数量"得分合格率与良好率均达100%,优秀率达25.64%。浙江省的样本县可圈可点,例如绍兴布上虞区的省级"枫桥式"司法所已经达到5个,宁波象山县的省级"枫桥式"司法所已经有3个,嘉兴桐乡市、丽水青田县均有2个省级"枫桥式"司法所。据此可知,"枫桥式"司法所的创建得到了普遍重视。

(5)矛盾纠纷就地化解率

"矛盾纠纷就地化解率"得分合格率达100%,良好率达98.29%,优秀率达54.70%,遍及26个省、自治区、直辖市,其中北京、浙江、广西、江西、宁夏、新疆、云南等省城参评的大部分样本县在该指标上都在优秀区间。例如，广西百色平果市、湖南邵阳市邵东市、湖南长沙市浏阳市、江苏无锡市江阴市、江苏镇江市句容市、江西赣州市寻乌县、江西九江市浔阳区、辽宁锦州市黑山县、青海西宁市湟中区、四川眉山市仁寿县、山东青岛市胶州市、新疆克拉玛依市克拉玛依区、新疆博尔塔拉蒙古自治州精河县、云南昆明市石林县、浙江杭州市富阳区、浙江温州市瓯海区、新疆乌鲁木齐头市屯河区、新疆阿勒泰市福海县等样本县的矛盾纠纷就地化解率指标在90分以上。据此可知，各地对于作为新时代"枫桥经验"核心指标的矛盾纠纷就地化解率都极为重视，这方面的工作无疑已取得较为理想的成绩。各地后续的工作重点既需要兼顾其他指标的任务，又需要保持对这一核心指标任务的重视。

（6）无上访村社创建率

"无上访村社创建率"得分合格率与良好率均达100%，优秀率仅为2.56%。海南黎族苗族自治州保亭县、浙江绍兴市上虞区、浙江衢州市衢江区、福建泉州市南安市均在优秀区间，其余样本县均已进入良好区间。虽然"无上访村社"创建率优秀率是八个具体指标中最低的，但其良好率与合格率能达到100%，可以看出各地对于这项工作的落实情况较好。不过，"无上访村社"创建的三个优秀样本县在信访量方面却并不理想，由此可得出两个推论：其一，"无上访村社"的创建是一个过程，其效果的凸显尚需时日；其二，信访量与"小事不出村（社）"的相关指标并无密切联系，而受到镇、县级矛盾化解指标影响较大。可以预测，今后各地"无上访村社"的创建重点将会从数量转向质量。

3. 矛盾化解的相关思考

全国样本县在矛盾化解方面成绩良好。样本县在坚持和发展新时代"枫桥经验"中，聚焦矛盾纠纷化解，将预防、教育、调解的理念较好地融合进矛盾纠纷"一站式"化解工作中，实现了大调解机制的有效实施。从矛盾化解指标的测评数据看，如何发挥县级社会治理中心的作用，挖掘矛盾化解潜力等问题值得关注。

（1）重视县级层面的矛盾纠纷化解

根据二级指标得分的数据分析，我们发现当前县域及以下的基层矛盾化解工作呈现"末梢重、中枢轻"的趋势。在"大事不出镇（街）"与"小事不出村（社）"两项二级指标的均值分别取得87.31分与82.07分时，"难事不出县"却仅得78.39分，低于矛盾化解一级指标的平均值。这说明当前样本县的矛盾纠纷源头化解工作还有很大的改善空间。如何发挥县级解纷力量在矛盾大调解工作中的作用，是下一阶段矛盾纠纷化解工作需要重点关注的问题。随着社会经济发展，很多起于民间的矛盾纠纷案件的复杂程度、处置所需资源等方面已远远超出乡镇（街道）与村社基层的处置应对能力，需要县（市、区）层级集结更具规模与专业能力的解纷队伍，把握好矛盾纠纷源头化解工作的最后一道关口。

（2）重视"枫桥式"司法所创建

通过分析矛盾化解指标中得分较高的样本县，我们发现：这些样本县往往在矛盾纠纷就地化解率与省级及以上"枫桥式"司法所数量指标上的得分较高。同理，在这两项上得分较低的样本县通常在矛盾化解指标的总得分也相对较低。而且矛盾纠纷就地化解率指标的得分与省级及以上"枫桥式"司法所数量指标的得分大部分都成正比。由此可知，"枫桥式"司法所对矛盾纠纷就地化解的促进作用巨大。虽然"枫桥式"司法所的创建及相应的矛盾纠纷就地化解率表现良好，但如前所述，其最低分是 50 分，仍有很大提升空间。

（3）充分发挥县级社会治理中心的作用

分析矛盾化解指标中得分较低的样本县，我们还发现：一方面，这些样本县共同特征在于很少有具体指标进入优秀区间。因此，得分较低的样本县要想迅速提升新时代"枫桥经验"矛盾化解的绩效，需在保持自身良好指标的基础上，结合当地实际，着重聚焦优化其中一到两方面的工作，以达到各个击破的效果。另一方面，信访量指标得分良好以下有 91 个样本县，只有 7 个达到 85 分以上；县级社会治理中心业务处理率得分良好以下高达 102 个样本县，只有 14 个样本县达到 85 分以上，而且这 102 个样本县中有 82 个的信访量得分处于良好以下水平。可见，信访量评分与县级社会治理中心业务处理率评分是矛盾化解指标"木桶"的两块短板，而且二者之间还有着极大的正相关关系。根据这一发现，我们印证了前述县、镇级矛盾化解指标影响信访量的推论。具体言之，即"县级社会治理中心处理纠纷效率的提高将减少信访"。因此，得分相对较低的样本县抓住县级社会治理中心业务处理率将会同步强化信访量的控制。新时代"枫桥经验"的核心一级指标在于矛盾化解，而矛盾化解最要害的二级指标在于难事不出县，县级矛盾化解的关键则在于社会治理中心处理纠纷效率及信访量。

(4) 挖掘县、镇、村三级矛盾化解潜力

县、镇、村三级矛盾化解工作需要不断组织力量，挖掘潜力。村社专兼职调解员覆盖率等小事不出村指标虽然在数据表现上对矛盾化解指数最终得分的影响程度较小，但这并不表明村（社区）级矛盾化解工作已不再重要。除了前述"无上访村社"覆盖率优秀率过低之外，其村社专兼职调解员覆盖率的数据虽对最终得分影响力有限，但各样本县在该指标上均处于较高水平。可见，小事不出村（社）、大事不出镇（街道）方面要在继续保持当前的工作力度的前提下，扶持后进，激励先进。除此之外，各地还需要通过积极创新与探索来挖掘提升矛盾化解县、镇、村三级工作，尤其是难事不出县方面的工作水平与效能的全新路径。这就格外需要学习借鉴优秀典型样本县的具体做法。

（三）样本县经验——浙江桐乡、普陀

1. 浙江省嘉兴市桐乡市

桐乡市隶属浙江省嘉兴市，素有"鱼米之乡、丝绸之府、百花地面、文化之邦"的美誉。桐乡地域，早在7000年前就有先民在此居住，因古时遍栽梧桐树，寓意"梧桐之乡"而得名。桐乡市是世界互联网大会的永久举办地，乌镇峰会已成为中国与世界互联互通的国际平台和国际互联网共享共治的中国平台。桐乡市是浙江高质量发展建设共同富裕示范区第二批试点地区。发源于桐乡的自治、法治、德治基层社会治理模式被

写入党的十九大报告，桐乡成为全国"三治融合"的示范地。

（1）"三治融合"的产生和发展

"三治融合"是通过构建自治、法治、德治相融合的基层治理体系，以自治"内消矛盾"，以法治"定分止争"，以德治"春风化雨"。

2013 年，桐乡在全国率先开展自治、法治、德治"三治融合"基层治理实践。2017 年，自治、法治、德治被写入党的十九大报告。2018 年 1 月 22 日，中央政法工作会议提出，坚持自治、法治、德治相结合是新时代"枫桥经验"的精髓，也是新时代基层社会治理创新的发展方向。"三治融合"成为全国基层社会治理的重要品牌。桐乡市委、市政府一直遵循"围绕需求做、奔着问题去"的主线，坚持群众需求在哪里，"三治融合"就服务到哪里；突出问题在哪里，"三治融合"就运用到哪里的做法，桐乡始终将"三治融合"理念贯穿基层治理的全过程各方面，通过着力提升自下而上的行动自觉、健全务实管用的制度体系、丰富因地制宜的实践样本，扎实推进、取得实效。

（2）坚持多元共治，让基层社会治理的合力更强

桐乡市始终坚持以人民为中心，改变以往政府对村社事务大包大揽的做法，深入推进多元共治，引导基层组织和群众有序参与社会事务，推动"为民做主"到"由民做主"。

第一，党政主导。市党代会连续三年将"三治融合提升行动"作为全市"七大行动"之一，纳入全局工作谋划推进。制定出台《三治融合提升行动实施方案》《桐乡市三治融合积分管理实施办法》等系列配套文件，明确工作重点。

第二，村社联动。开展清牌子、减评比、去台账等基层组织"去机关化"行动，推动自治职能归位。发挥村（社区）干部、小组长等的"微治理"作用，引导基层群众有序参与基层事务的决策、管理和监督。

第三，社会参与。发挥好社会组织社会面广、专业性强的优势，大力推进社区、社会组织、专业社工"三社联动"，增强社团、商会、行业协会等组织的自我管理、自我教育、自我服务能力。通过政府购买服务，推动承接政府转移的公共服务职能，让社会组织成为联通政府、社会和公民之间的桥梁纽带。目前，桐乡市注册登记社会组织达694家，登记或备案社区社会组织达3034家。2018年以来，政府购买社会组织服务和专业社会工作经费累计已达6800余万元。

第四，群众主动。建立健全志愿服务激励机制，发展壮大志愿服务队伍，创新建立"乌镇管家""大麻麻花""杨家门红管家"等自治品牌，持续开展"红袖章"万人大巡防活动，让群众做好大管家、当家人，实现了网格信息无盲区、全覆盖。新冠疫情防控期间，全市有20余万人参与社会治理，没有出现一起重大安全维稳事件，为"两手硬、两战赢"发挥重要作用。

（3）坚持"三治"协同，让基层社会治理的根基更牢

综合运用"三治"手段，互为支撑、协同发力，释放出乘数效应。特别是"一约两会三团"等实践载体，在各个领域推广应用、融合增效。

拓展"一约"。"一约"原指村规民约（社区公约），村（居）民自发将自身最关心、要求最迫切的事项，以村言村语

的方式进行规范，综合运用物质奖惩、道德约束等手段保障落实。村规民约（社区公约）在环境整治、文明餐桌操办等方面发挥了很好的治理效果。近两年，村规民约又被自发拓展到商业市场、企业等行业，如建立的市场公约，作为依法管理市场、实现经营户自治的主要依据，通过开展星级经营户、文明经营户等评定，对经营主体实施物质奖励、挂牌激励、黄牌警告和经济处罚。

建好"两会"。百姓议事会、乡贤参事会是做好村（社区）相关事务，实现民事民议、民事民办、民事民管的重要探索。目前桐乡市已实现村社百姓议事会、乡贤参事会全覆盖。

应用"三团"。在村社服务中，以百事服务团、法律服务团、道德评判团为抓手，将定期坐诊、按需出诊、上门问诊相结合，为群众提供全方位志愿服务、订单式法律服务和红黑榜道德评判，进一步激发自治活力。在市场服务中，组织司法、市场监管、银行等市场服务团成员，提供免费检测、计量、搬运等便民服务，并为经营户日常行政手续办理提供咨询服务。以经营户"小心愿"为突破口，市场服务团通过帮助经营户解决一些日常生活经营中的小困难、小麻烦，让经营户从点滴心愿的圆梦中获得更多幸福感，提高了经营户对市场的归属感和黏合度。

（4）坚持持续创新，让基层社会治理的抓手更多

桐乡市坚持在实践中不断深化和拓展，努力让"三治融合"建设实现从原发创新向持续创新的撬动裂变效应。

第一，探索推行"三治+积分"。制定《桐乡市三治融合积分管理实施规范》地方标准，将积分管理融入村（居）民自

治、环境整治、乡村振兴等中心工作，引导群众参与"微治理"，提升群众参与乡村治理的积极性和主动性。

第二，创新推出"三治+金融"。结合"三服务"，深入实施金融惠农、金融惠企等行动，集聚政银资源合力，推出"三治信农贷""三治小微贷""三治商户贷"等"三治"金融产品，将更多的金融活水引向"三农"、引向民营、引向小微等实体企业，为美丽乡村建设、村级集体经济发展、实体经济和小微企业发展提供普惠式资金保障。

第三，有力推进"源头+治理"。坚持"治已病更治未病"，实践中，"三治融合"始终强调聚焦减少矛盾、化解矛盾，跳出矛盾看矛盾，通过关口前移、源头防控、综合施策，更加突出风险防范，把治理重心从过去的问题发生后到处"灭火"转到事前"防火""降火"上来，有效预防了问题积累、矛盾爆发，让防患于未然成为常态。桐乡市创新建立了"法官驻镇联村、人民调解驻庭"双向派驻制度，构建矛盾纠纷预防调处化解体系，扎实做强市镇村三级社会矛盾纠纷调处化解中心，将矛盾化解在基层、解决在萌芽。

第四，全面推进片区"三治联动中心"建设。针对外来人口、小微经营主体、企业高度集聚的复杂区域，实现公安、综合执法、市场监管等专业力量与人民调解、社会组织等各类治理资源有效联动整合，目前全市11个镇（街道）共建成三治联动中心（工作站）26个。

桐乡"三治融合"先后获得北京大学首届中国城市治理创新奖优胜奖、入选中央组织部全国党员学习案例范畴、入选中央农办全国首批乡村治理典型案例。"平安桐乡"建设实现十八连冠，在全省率先夺得"二星平安金鼎"，获评"全国乡村治理试点示范县""平安中国建设示范县"。

2. 浙江省舟山市普陀区

普陀区隶属浙江省舟山市，素有"东海明珠"之称。普陀，在佛教《华严经》中是"一朵美丽的小白花"之意。普陀山是全国首批确定的44个国家级重点风景名胜区，与五台山、峨眉山、九华山并称为中国四大佛教名山，古人誉为"海天佛国"。"普陀模式"获评2019年度全国"创新社会治理典型案例"十大最佳案例，普陀区连续四年蝉联"中国最具幸福感城市"（县级）。

（1）"普陀模式"的产生和发展

2017年以来，普陀区按照党的十九大提出的"推进国家治理体系和治理能力现代化"的要求，围绕构建"共建、共治、共享社会治理格局"，以"最多跑一次"理念为引领，创新设立集矛盾多元化解、信息统一指挥、风险综合研判于一体的三级社会治理体系。尤其普陀区建立了矛盾纠纷化解"最多跑一次"工作机制，对社会治理信息实行统一受理、流转、处理，实现矛盾纠纷化解从"多中心"转变为"一中心"，从"单兵作战"转变为"联合作战"，从"线下办"转变为"线上线下联动办"，有力地推动了矛盾纠纷高效处置、多元化解，形成了"党建统领、多方参与、信息支撑、调解优先、司法终结"的新时代社会治理"普陀模式"。这为传承和发展新时代"枫桥经验"提供极具海岛城市辨识度的"普陀解法"。

（2）"普陀模式"的具体做法

第一，"一中心"化学反应。针对群众矛盾纠纷解决需要多头跑、反复跑、多地跑的问题，普陀区按照"全科门诊"目标要求，统筹整合诉讼服务、法律服务、劳动仲裁、海事渔事、城管指挥等涉及矛盾纠纷较多的25个部门力量，成立正科级的区社会治理中心（以下简称中心），实现矛盾纠纷化解"只进一扇门""最多跑一地"。针对部门力量进驻后多头管理、各自为战的问题，中心对入驻部门进行日常考核和工作督查发挥督考导向作用：对工作不力的部门予以通报批评，对造成严重后果的追究相关人员责任。同时，中心建立落实三级督办机制，统筹协调处理职责不清、任务交叉的问题。针对进驻人员目标不一、融合不够的问题，中心打散原有以部门为主体的人员配置，按照自身功能定位，重新组建矛盾调解组、窗口服务组和信息指挥组，由中心科学配置，推动中心人员从"一起办公"向"一体作战"深度转化，将量变的"物理整合"提升至质变的"化学反应"。目前，中心共有进驻人员90余人，拥有首席调解员2名、市一级调解员8名、市二级调解员12名、援助律师3名、仲裁员7名、员额法官3名。

第二，"一站式"流程再造。中心根据进驻调解组织性质特点，在流程机制上积极优化整合，为群众提供受理、调解、仲裁、诉讼、执行全流程"一条龙服务"，设立2个无差别综合受理窗口和13个专业服务窗口，由综合窗口统一受理、服务窗口精确办理、中心层面兜底处理，确保群众诉求"件件有着落"。中心对符合调解条件的涉诉纠纷，组建以诉前调解员、员额法官为核心的简案快调速裁团队，将调解作为前置必备程序，引导案件诉前分流，能调尽调，调解不成的通过诉讼化解，从源头上减少诉讼增量；对重大疑难复杂纠纷，建立以法官、首席调解员、援助律师和职能部门参加的"3+X"会商研判机制,多方会商共同解决方案;对海事渔事、劳动争议、房屋质量和物业等专业矛盾纠纷,明确各自受案范围、工作流程、办理时效等环节,落实专人专业调解;对社会舆情隐患纠纷,建立"日会商、周研判、月分析"社会风险防控机制,重点对全区的越级上访、重点稳控等领域进行风险研判,并提出指导性建议。

第三,"一张网"全域服务。中心强化"内部局域网"横向融通,全面整合调解资源,组建由64名资深调解员和专家组成的调解专家库,以及46名社会律师入驻的律师调解工作室,群众可以自助"点单"调解。矛盾纠纷调解后,司法确认作为重要保障措施,依法赋予调解协议强制执行力。普陀区还强化基层"外部服务网"纵向联通,大力推广"浙江解纷码""共享法庭",引导海岛群众"线上调、掌上办",推动矛盾纠纷化解不出岛。中心不仅邀请基层人民调解员参与重大矛盾纠纷调处,提高调解员综合素质,而且编撰了《矛调三十六策》,为基层调解员开展纠纷化解提供借鉴参考。中心不仅加强行业"政社互动网"深度对接,而且配设心理咨询室、心理宣泄室,通过政府购买服务的形式,由第三方提供专业服务,协助参与纠纷化解。中心这建立完善与鉴定、保险、评估、公证等第三方机构的对接联系机制,促进纠纷调解的科学性、公正性和有效性。

第四,"一号通"共建共享。中心整合城管、旅游、司法等各热线号码,建立统一的热线投诉电话12345,落实24小时值班制和专人AB岗轮守,全天候受理、解答、转办群众各类诉求，实现"一号对外、一网通办"，确保联动单位24小时叫得应、派得动，群众诉求事事有回音。普陀区整合政务投诉举报、基层智治系统等10个系统平台，建成统一的综合信息指挥平台，将各类矛盾诉求统一归集，通过系统派单至响应服务窗口、职能部门、调委会和镇街调处，实现案件一网归集、一网分流、一网办理、一网反馈、实时跟踪、事后可查。综合信息指挥平台建立基本覆盖全社会领域的"大数据库"，集成整合社会治理、城市管理等多领域的数据资源信息，形成公共信息、基础人口、行业数据、专项资源等融合的基础数据库，实现社会治理信息的共治、共建、共享。

第五，"一体化"延伸覆盖。围绕"枫桥经验"小事不出村、大事不出镇、矛盾不上交的工作理念，普陀区强力推进镇街、村社两级中心规范化建设工作，打造百姓家门口的矛盾化解地。镇级中心，将综治中心、便民服务中心和基层治理四平台综合信息指挥室三合一，集信息处置、维稳指挥、网格督查、视频监控于一体，实现实体化运作、融合式作战。村级中心整合村级全部力量，实行人员全整合、职能全融合、要素全汇聚、解纷全链条，打造了窗口式接待、一站式服务的村级中心85个，其中示范型20个、普通型44个、经济型21个。三级中心的建立覆盖，实现了矛盾纠纷从"最多跑一地"向"就近跑一地"升级。

（3）"普陀模式"的示范意义

截至2023年7月，普陀区社会治理中心累计解决群众各类诉求39.8万件，其中包含人身死亡案件在内的479件重大疑难复杂纠纷得到妥善处置，调处成功率和协议履行率达100%。

"普陀模式"以习近平新时代中国特色社会主义思想为指导，是"枫桥经验"的进一步深化，以源头治理、前端防控为主要目的，实现"发动和依靠群众，坚持矛盾不上交，就地解决"的终极目标。"普陀模式"坚持系统治理、依法治理、综合治理、源头治理的具体实践，为全国完善一站式多元解纷机制助推法治中国建设提供应用模板，为基层矛盾纠纷化解法治化提供解决路径。

最高人民法院原院长周强认为"普陀模式"具有普遍的推广价值。浙江省高级人民法院要求全省法院系统学习推广"普陀模式"。中共浙江省委要求全省各县市区以普陀为样板，全面推进县级社会治理综合服务中心建设。中共浙江省委政法委以普陀为样本，出台了《关于探索建设县级社会治理综合服务中心（信访超市）的指导意见》。2020年12月，普陀区以一站式矛盾纠纷化解工作实践为蓝本，形成全国首个《社会矛盾纠纷调处化解"最多跑一地"工作规范》市级地方标准，为各地矛盾纠纷工作规范化开展提供有力支撑。[①]

[①] 资料来源：调研、网站和样本县提供。

十　平安和谐

平安和谐是新时代"枫桥经验"的最终目标。人人平安，社会和谐，是全面建设小康社会的重要目标。党的二十大报告强调："坚持以人民安全为宗旨。"[1] 和谐社会是民主法治、公平正义、诚信友爱、充满活力、安定有序、人与自然和谐相处的社会。新时代"枫桥经验"的平安是"大平安"。平安和谐目标要求紧紧围绕"大平安"目标，把新时代"枫桥经验"贯彻落实到经济、政治、文化、社会和生态文明建设之中，以满足人民群众对美好生活的需求。

"平安和谐"指标下设政治安全、治安安全、经济安全、卫生安全、生态安全、生产安全和网络安全等七个二级指标。

（一）指标释义

1. 政治安全

"政治安全"主要指一个国家政治体系不受威胁的状态。

---

[1] 习近平：《高举中国特色社会主义伟大旗帜　为全面建设社会主义现代化国家而团结奋斗——在中国共产党第二十次全国代表大会上的报告》，《党的二十大报告学习辅导百问》，党建读物出版社、学习出版社2022年版，第39页。

政治安全是国家安全的根本。一个国家面对风险必须及时有效防范、应对，确保国家政治秩序，确保政治主体在政治意识、政治需要、政治内容、政治活动等方面免于内外各种因素侵害和威胁。政治安全也是地方安全治理的核心工作。"政治安全"二级指标包括涉暴案件、涉恐案件、群体性事件等三级指标。

2. 治安安全

良好的社会治安要求区域社会能在法律、法规的约束下呈现一种安定有序的状态。随着社会经济的不断发展，各类社会矛盾不断产生，给社会稳定带来了较大的压力。"枫桥经验"从源头化解矛盾、优化治安的做法正是当前推进治安工作的有效方法。"治安安全"是评估各地社会治安综合治理工作情况的重要指标。该二级指标包括犯罪率、社区矫正对象再犯罪率等有效体现区域治安社会体征的三级指标。

3. 经济安全

"经济安全"是国家安全体系的重要组成部分，主要指国民经济发展和经济实力处于不受根本威胁的状态。人民的生活安康离不开高质量与高水平的经济发展，只有经济安全得到保障，才能从根源上维持社会平安和谐。因此，经济安全水平也用于评估一个地区坚持和发展新时代"枫桥经验"的状况。当地的商业安全、金融安全、财政安全等角度可以体现其经济安全发展水平。

4. 卫生安全

"卫生安全"是国家安全治理体系的重要组成部分,主要包括疾病预防和疾病控制系统建设等。根据《"十四五"优质高效医疗卫生服务体系建设实施方案》等政策文件规定,基层政府与各类派出机构需要通过制定卫生政策、统筹和分派资源、健全卫生保障制度等方式确保卫生服务的高效、安全、可持续发展,以满足人民群众的健康需求。食品安全、卫生产品安全、防疫安全等方面的数据构成卫生安全指标内容,可以反映各地卫生安全方面工作的水平。

5. 生态安全

"生态安全"指一个国家的生态环境处于不受或少受破坏和威胁的状态。生态安全是国家安全的重要组成部分,也是基层安全治理的重要目标之一。一个国家必须具备保障生态安全的能力。自然生态系统、人工生态系统等指标能够反映各地生态安全治理情况。

6. 生产安全

"生产安全"是对人民群众人身安全与生产设备安全的保障。生产安全指标要求生产安全责任主体通过预案、督查、整改等方式,对生产机构相关问题进行安全监管,以解决和消除各种不安全因素,防止生产事故的发生。生产安全是提升各地经济发展水平所需的硬件基础,也应是衡量各地平安和谐治理水平的重要指标。人身安全、设备和产品安全、交通运输安全等方面可以反映各地的生产安全治理工作推进情况。

7. 网络安全

"网络安全"关系到国家安全和社会公共利益。随着社会发展进入信息化时代，居民使用各种互联网数据产品的场景大幅增加。由此，各类基于互联网的安全违规与犯罪事件层出不穷，严重影响了人民群众的生活生产安全。为了维护网络空间安全与秩序，保障未来国家稳定运行，中国陆续制定了《网络安全法》《数据安全法》《个人信息保护法》等法律法规。在基层治理中，压实责任主体、规范建设标准、推进安全运营、提早识别风险与快速应急治理是当前网络安全治理的可行方法。

（二）数据分析

1. 平安和谐数据的整体分析

数据显示，样本县在推进平安和谐工作整体情况处于优良水平，且最高分达 95.55 分，最低分为 71.53 分，整体得分的中位值也处于优良水平。各地推进综合平安治理工作的执行力度较大，且部分样本县找到了将该项工作做精、做优的工作方法，提升了老百姓安居乐业的水平。

如图 10.1 所示，当前各样本县推进综合治安的整体工作水平较高，约有 76.67% 的样本县在此项获得优良以上的得分。同时，仅有 3.33% 的参与评分的区县在此项得分低于 75 分，这从侧面体现出当前在综合治安工作上总体良好。如何在现有

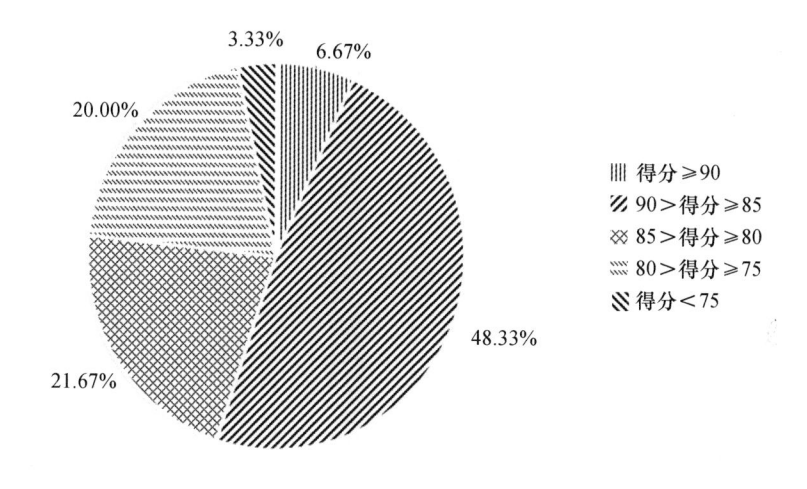

图 10.1 "平安和谐"一级指标得分分布

的综合治安工作成绩的基础上精益求精、推动综合治安工作质效的进一步提升,应是下一阶段工作的重心。

根据序列的函数计算,"平安和谐"一级指标得分排名靠前的样本县有:福建省泉州市安溪县、广东省肇庆市四会市、山东省青岛市胶州市。其中,安溪县得分95.55分,该县有8项三项指标达到优秀区间,其余三级指标得分也在良好以上。广东省肇庆市四会市、山东省青岛市胶州市分别以94.28分与92.82分紧随其后。在"平安和谐"一级指标中获得高分的样本县还有:湖南邵阳市邵东市、上海徐汇区、上海浦东新区、浙江温州市瓯海区、海南琼海市、福建泉州市石狮市、广西百色市平果市。这些样本县属于在平安和谐整体工作中取得较好成绩的地区,主要集中在华东地区(6个)与华南地区(4个)。

从不同区域"平安和谐"一级指标的得分情况来看,华东

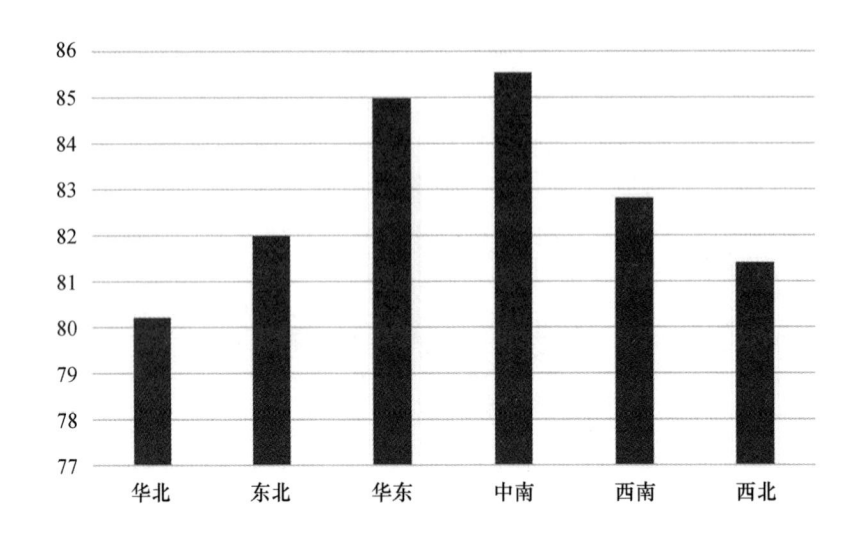

图10.2 "平安和谐"一级指标各区域得分情况

地区与中南地区的得分相对较高，华北地区与西北地区的得分相对较低，具体如图10.2所示。这说明，相对而言，经济发展水平较高、政策环境较好的区域更容易做好综合治安工作。此外，一些指标数据值得关注。比如北京市样本县的"社区矫正对象再犯罪率""省级及以上'枫桥式'公安派出所数量""集中式饮用水水源地水质达标率"与"道路交通万车事故死亡率"、福建省样本县的"经济案件立案数"、湖南省样本县的"每万人有效火警接警数"的数据都比较突出。

值得注意的是，各地在"空气质量优良率""集中式饮用水水源地水质达标率"等容易通过政府统一规划、投资与运营而达成的指标上表现良好。在群体性事件的管控、犯罪率的降低、有效火警接警数提升这些需要调动人民群众共同参与治理的工作上相对薄弱。如何发挥人民群众参与综合治安工作，应是各地需要持续探索的问题。

当前，国家治理体系条块分割的困境需要由更高层级的整体治理来破局是一个共识。基层在推动部门协同方面往往处于被政策拉着走的局面。浙江省绍兴市诸暨市转变工作思维，梳理部门职能清单、推动部门履职变革的发力点，并辅以"浙里兴村治社"等数字化平台推动部门理事明责，用基层的一根"针"反过来去串起部门的千条"线"，值得研究借鉴。

"平安和谐"指标中得分较高的样本县，往往在"治安安全"与"经济安全"指标得分较高。"卫生安全"与"生态安全"等指标在数据表现上对"平安和谐"指数最终得分的影响程度较小。数据表明，这些基层综合治理工作已在各地均处于较高水平。除了要继续保持当前的工作力度之外，各地还需要通过积极创新，努力提升与平安和谐指标相关的工作水平与效能。

2. 平安和谐若干单项指标分析

（1）涉暴恐案（事）件数

党的十八大以来，习近平总书记多次强调"反恐怖斗争事关国家安全，事关人民群众切身利益，事关改革发展稳定全局，是一场维护祖国统一、社会安宁、人民幸福的斗争"，"反暴力恐怖斗争一刻也不能放松"。[1] 测评数据显示，所有样本县的涉暴恐案（事）件数的得分均在优秀区间。近年来，全国公

---

[1] 习近平：《切实维护国家安全和社会安定 为实现奋斗目标营造良好社会环境》，十八届中央政治局第十四次集体学习时的讲话，《人民日报》2014年4月27日，第1版。

安机关严密防范、严厉打击境内外敌对势力渗透颠覆捣乱破坏活动，深入开展反分裂斗争，始终保持对暴力恐怖活动的严打高压态势，加强反恐国际合作，全力打好反恐防恐"组合拳"，连续6年保持暴恐案事件"零发生"。①

（2）万人犯罪率

依法严惩违法犯罪，不断夯实平安中国之基。"万人犯罪率"是全面小康建设和平安建设的重要指标。样本县万人犯罪率得分优秀率达50%，良好率超过90%，展现出当前基层在打击违法犯罪行为方面的工作力度较大，也取得了较好的治安成效。近年来，从深入开展"昆仑"行动守护"舌尖上的安全"，到持续部署"净网"行动构建清朗网络空间，从集中打击整治跨境赌博、长江流域非法捕捞、涉枪爆、涉文物、涉野生动物等违法犯罪，到持续打击电信网络诈骗、非法集资、侵犯知识产权等违法犯罪，一系列重拳出击有效净化了社会治安环境。中国成为世界上最有安全感的国家之一。"平安中国"成为一张亮丽的国家名片。样本县中也不乏在"万人犯罪率"方面表现优秀的典型，如浙江省宁波市象山县、浙江省衢州市衢江区、山东省青岛市胶州市、福建省泉州市安溪县、江苏省苏州市张家港市、甘肃省酒泉市敦煌市。

（3）传染病疫情报告率

"非典"之后的2004年，我国建设了一套全国传染病网络直报系统，同年上线运行。至今，这套系统已经安全稳定运行了19年。"传染病疫情报告率"作为国家卫健委关于公共卫生

---

① 参见2023年公安部首场新闻发布会新闻发言人的发言，2023年1月10日，中国人民共和国公安部网站。

的12项重要指标之一，就是基于这套系统由全国几乎所有二级以上医疗机构上报的数据计算得到。多年来，这套系统的运行使我国有效降低了传染病的漏报，报告效率和报告质量都得到了很大改善，为及时侦测传染病暴发信号、指导各级疾控机构对各种疫情的暴发进行调查处置，起到了非常好的帮助作用。

样本县数据显示，"传染病疫情报告率"优秀率高达73.33%，得分优秀的绝大部分区县的传染病疫情报告率都达到了100%，这说明经过三年战"疫"，基层在应对与人民群众生命健康有关的监测、上报、管控等方面的工作方法水平已得到进一步提升，能更好地对人民的健康安全负责。

（4）道路交通万车事故死亡率

习近平总书记多次强调坚持人民至上、生命至上，把保护人民生命安全摆在首位。"道路交通万车事故死亡率"是道路交通安全的重要指标，衡量的是以公安交管部门为主的道路交通相关部门的道路交通治理能力和水平。

样本县道路"道路交通万车事故死亡率"数据得分优秀率为35%，良好率95%。数据表明，绝大部分样本县公安交管部门都能精细优化交通组织，精准推进交通治理，动态消除安全隐患，倾情办好为民实事，全力保障交通安全、有序。其中，北京市海淀区、重庆市彭水县、广东省肇庆市四会市、浙江省绍兴市上虞区、浙江省温州市瓯海区、云南省昆明市石林县、江西省赣州市寻乌县、海南省琼海市等万车事故死亡人数大大低于全国平均水平，这些地方的交通管理水平值得其他地方借鉴。

(5) 经济案件立案数

经济安全是国家安全体系的重要组成部分。随着经济全球化和一体化的不断发展，国家经济安全越来越成为国家安全的重要一环。在一个国家安全战略中，经济安全应居于核心和基础地位。"经济案件立案数"作为防范化解金融风险、严厉打击经济犯罪的直接体现，是经济安全的核心指标。

数据显示，样本县"经济案件立案数"得分优秀率达67.50%，体现出当前基层在打击经济犯罪方面的工作取得了优秀的成效。成效比较突出的样本县有：福建省福州市福清市、福建省泉州市石狮市、湖南省邵阳市邵东市、江苏省南通市如皋市、江西省九江市浔阳区等。它们的主要做法是：深化金融风险专项整治，依法查处一大批涉嫌经济犯罪的非法金融活动；开展打击地下钱庄犯罪"歼击21"专项行动，对危害经济安全的非法资金通道、职业洗钱犯罪团伙等实施集中打击；依法严厉打击各类侵犯知识产权犯罪，维护企业合法权益和创新创造活力。

(6) 集中式饮用水水源地水质达标率

良好生态环境是实现中华民族永续发展的内在要求，是增进民生福祉的优先领域，是建设美丽中国的重要基础。水，则是人们赖以生存的重要资源。《中共中央国务院关于深入打好污染防治攻坚战的意见》强调巩固提升饮用水安全保障水平。到2025年，全国县级及以上城市集中式饮用水水源水质达到或优于Ⅲ类比例总体高于93%。[①]

[①] 参见《中共中央 国务院关于深入打好污染防治攻坚战的意见》，2021年11月2日，中国政府网。

样本县数据显示，集中式饮用水水源地水质达标率得分优秀率高达 77.50%，超过半数的样本县县级集中式饮用水源地水质达标率达到 100%。数据表明，我国在基层环境保护工作稳扎稳打，不仅能确保自然灾害不对人民群众的生命健康安全带来极大的负面影响，还能通过一系列科学防治的手段提升空气、水源等与人民群众健康和生命质量水平。

3. 平安和谐的相关思考

从相关数据看，各地综合治安工作推进水平整体良好。为了进一步提升综合治安工作，各地还需要通过因地制宜的创新，积极发挥人民群众的治理力量，盘活下沉资源与活用高科技手段，用长处改善短处，用细节盘活整体，推动社会平安工作大幅增效。

（1）坚持总体国家安全观

国家安全是民族复兴的根基，社会稳定是国家强盛的前提。习近平总书记指出，"国家安全是安邦定国的重要基石，维护国家安全是全国各族人民根本利益所在。"[1] 平安建设工作必须坚定不移贯彻总体国家安全观，把维护国家安全贯穿党和政府工作各方面全过程，确保国家安全和社会稳定。坚持总体国家安全观，必须坚持党对国家安全工作的领导，把维护国家安全的战略主动权牢牢掌握，把确保政治安全作为首要任务。

（2）整合群防群治力量

人民群众是平安建设的主体力量。坚持和发展新时代"枫

---

[1] 习近平：《高举中国特色社会主义伟大旗帜 为全面建设社会主义现代化国家而团结奋斗——在中国共产党第二十次全国代表大会上的报告》，《党的二十大报告学习辅导百问》，党建读物出版社、学习出版社 2022 年版，第 40 页。

桥经验",就要积极推动群防群治工作与矛盾发现、纠纷化解有机融合,发挥群防群治力量和"人熟、地熟"的优势,从各渠道获取基础民意民情并及时发现上报。通过整合各方调处力量,全面了解掌握社情民情,深入排查各种矛盾纠纷,实现矛盾化解的专业化运行和人民调解、治安调解的有效联动,把排查触角延伸到各个角落,进一步完善矛盾纠纷多元化解机制。

(3)通过数字化的手段提升网络安全

网络安全是国家安全的重要组成部分,没有网络安全就没有国家安全。要健全网络社会综合防控体系,依法打击整治新型网络犯罪,通过大数据、云计算等现代化信息技术着力提升网络安全保障水平和风险防范能力,不断强化涉法舆论引导处置,进一步打造网络清朗空间。

(三)样本县经验——江西寻乌、陕西安塞

1. 江西省赣州市寻乌县

寻乌县隶属江西省赣州市,万历四年(1576年)建县。寻乌是客家聚居地、客家的摇篮,2013年,被文化部正式纳入客家文化(赣南)生态保护实验区。寻乌是一个具有光荣革命传统的红色故土,毛泽东、朱德、邓小平等老一辈无产阶级革命家曾在这里从事过伟大的革命实践。毛泽东同志在寻乌写下了《寻乌调查》《反对本本主义》等篇章。2019年4月28日,江西省人民政府决定寻乌县退出贫困县。2020年10月9日,被生态环境部授予第四批国家生态文明建设示范市县称号。寻乌县坚持和发展新时代"枫桥经验",持续加强和创新基层社会

治理，积极探索"联村共治、法润乡风"寻乌实践。

(1)"联村共治、法润乡风"的寻乌实践

自2017年以来，寻乌以前所未有的力度和规模推进脱贫攻坚，全面推行干部结对帮扶机制，促进基层司法等行业部门深度融入基层治理，相关做法得到了中央、省、市相关部门和领导的充分肯定和大力支持。"联村共治、法润乡风"寻乌实践紧紧围绕推进基层治理体系和治理能力现代化的总目标，着力构建"党建引领、依靠群众、源头解纷、优质服务"长效机制，提升基层社会治理社会化、法治化、专业化水平。

一是健全联村机制。全面推行单位联村、干部联户平安建设帮扶联系机制，推动重心下移、力量下沉。

二是提升共治水平。健全党组织领导下的自治、法治、德治相结合的城乡基层治理体系，打造共建共治共享社会治理格局。

三是增强法润效果。将法治元素大众化、便民化、常态化融入群众生活的日常。

四是培育法治乡风。通过系列平安创建活动，推动全县上下形成崇法、明理、唯实、守正、平和的法治风尚。

(2)"联村共治、法润乡风"的特色做法

一是法治力量沉下去。整合全县法治力量，按照一村一队要求，组建"123"法律服务团队（1名法律顾问、2名政法干警、3名巡回审判联系人员），采取"定期＋预约"方式，通过大规模的走访调查，掌握社情民意，开展法治宣传，提供法律服务，协助化解矛盾，实现民情在调查中掌握，风险在调查中防范，矛盾在调查中化解。

二是客家矛盾客家调。盘活客家祠堂等闲置资源，将其打造为集法治宣传教育、矛盾纠纷化解、村民说事议事、道德讲堂等功能为一体的基层善治阵地，让"小阵地"发挥"大作用"。结合客家风俗，推行客家矛盾"讲法调""祠堂调""长者调""家训调""食茶调"，积极引导群众能进祠堂不上公堂，能在村组不到县乡，矛盾化解在身旁。目前，全县建有"法治小院"等法治站点400余处，培育法律明白人5.5万人，开展法治活动1500余场（次）。

三是多元化解促和谐。设立寻乌县"访调诉"一站式服务中心，采取"重点部门常驻、一般部门轮驻、涉事部门随驻"方式，整合37个部门资源力量进驻中心，安排80名法律和调解专家"坐阵"参与信访矛盾纠纷化解，实现矛盾纠纷化解"只进一扇门、最多跑一地"，打造县内矛盾纠纷的"终结地"。2022年该中心接待来访群众762批935人次，调处矛盾纠纷695件，信访总量同比下降52.8%，有效破除了多头访、重复访等问题。

四是红色治理聚合力。汲取红色智慧，大力弘扬寻乌调查唯实求真精神，用好调查研究"传家宝"，在加强和创新社会治理过程中大兴调查研究之风，着力破解问题短板。目前，全县431个网格均建立了党支部或党小组，3163名机关在职党员到城市社区网格报到，组建了1125支志愿服务队伍，创设志愿服务项目3685个，累计开展志愿服务活动10.36万场次，服务时长283万小时。

(3)"联村共治、法润乡风"的效果

通过加强和创新基层社会治理，巩固了发案低、诉讼少、秩序好的良好局面,创造了"寻乌不寻常"的社会治理业绩,为全县经济社会发展营造了安全稳定的政治社会环境,促进了全县经济社会高质量发展。

一是社会大局持续稳定。信访矛盾明显减少,2022年全县信访总量比2017年下降43%。大量矛盾纠纷化解在诉前,2022年因矛盾纠纷引发的诉讼案件比2017年下降16%。2016—2019年连续4年荣获全国信访"三无"县,2019—2022年连续四年获评赣州市平安建设先进县,2014—2022年,寻乌县连续9年获评江西省高质量发展先进县。

二是治安环境持续向好。全县各类违法犯罪率持续走低,八类主要刑事案件以及"两抢"、网络电信诈骗等侵财类案件均实现大幅度下降,破案率提升。最长保持三年无刑事命案发生,治安警情2022年比2017年下降9.6%,其中打架斗殴警情下降54.3%。

三是村风民风持续向善。群众法治意识不断提升,讲法守法新风尚在乡村蔚然成风,好人好事不断涌现。2021年,全县有16个村成为"无讼村",年诉讼案件3件以下的"少讼村"73个。2017年以来,寻乌县有7人荣登中国好人榜,14人入选江西好人,37人入选赣州好人,4人被评为赣州道德模范。同时,全县有7个省级民主法治示范村(社区),4832户平安守法家庭,2021年以来涌现了13名县级见义勇为先进个人。

四是群众满意度持续提升。全县各项事业取得长足发展,生产生活条件极大改善,人民安居乐业,社会充满活力又安定有序,群众获得感、幸福感、安全感大幅提升,公众安全感指数从2017年的96.24%提升至2022年的99.16%。

2. 陕西省延安市安塞区

安塞区隶属陕西省延安市。安塞自古有"上郡咽喉"之称，处于以仰韶文化为代表的中原民族文化向北发展，以阴山岩画文化为代表的北方民族文化向南发展的文化融合地带，经过历代文化变迁，形成了独特的艺术体系，成为中国西北地区黄土高原文化保存最好、民间艺术最集中、最具代表性的区域之一，被文化和旅游部命名为"中国民间文化艺术之乡"。近年来，安塞区坚持把实现、维护和发展人民群众的根本利益作为学习推广"枫桥经验"的出发点，以贯彻落实习近平总书记重要指示精神，中央政法工作会议精神为根本遵循，牢固树立以人民为中心的发展理念，主动顺应新时代人民群众新期盼和新要求，坚持和发展新时代"枫桥经验"，不断探索和创新矛盾纠纷排查化解制度机制，牢牢守住矛盾纠纷化解的源头防线，走出了一条"矛盾不上交、平安不出事、服务不缺位"的新时代矛盾纠纷排查化解经验之路。

（1）坚持源头治理，努力实现"矛盾不上交"

以"一标三实"基础信息采集为载体，充分运用传统方法与现代科技手段，把排查化解防范风险隐患作为最重要的基础工作，贯穿落实到基础防范、治安管理、执法办案、服务群众等日常工作之中，深入开展矛盾风险大走访、大排查、大化解工作。建立健全人民调解、行政调解、司法调解网络，充分发挥治保会、人民调解委员会等基层组织作用，推动社会组织、调解志愿者等参与矛盾纠纷化解工作。如沿河湾派出所依托"老书记说事室"推进矛盾纠纷调解专业化。该所从构建和谐辖区入手，以推行新时代"枫桥经验"为抓手，本着小纠纷不出村，大纠纷不出派出所的工作原则，充分发挥退休老书记的引领带动作用，探索打造了"老书记说事室"，为辖区搭建引领帮教、服务群众、矛盾调处的新平台，全力提升群众满意度；让"老书记说事室"成为矛盾调处的"起始站"。

（2）坚持以防为主，实现"平安不出事"

全区积极推行公安派出所所长进乡镇（街道）班子，社区民警进居（村）委会班子，积极开展社会治安防控体系建设，织好城乡社区防控网，发挥村级组织、党员群众参与社会治理作用，调动群众积极参与社会治安防范。深入开展治安问题突出居民小区整治、安全小区创建等活动，切实加强防范宣传和法治教育，构建共建共治共享格局。扎实推进立体化信息化社会治安防控体系和"雪亮工程"建设，"智慧安防小区"建设成效明显。民警信息化应用能力水平高，能充分利用微信、微博、抖音等社交软件，搭建各类工作群或公众号，拓展警民沟通渠道，防范宣传工作落实到位，群众防范意识能力强。三年内辖区刑事案件、治安案件稳中有降，群众安全感满意度位居全市前三名。

（3）坚持服务为先，切实做到"服务不缺位"

树立"让数据多跑路、让群众少跑腿"服务理念，全面有效应用"互联网+陕西公安政务平台"服务群众，推进服务向警务室延伸，城区有条件的警务室设立24小时警务自助服务区，在偏远的乡镇（村）服务中心设立服务点，为群众提供代办、约办、上门办等服务。如高桥派出所创新推出了"户籍业务代办制"。根据辖区实际情况，在辖区内共设置了南沟、魏塔、桥庄、贺平、洛平川 5 个代办点，每个代办点都配备了桌椅、电脑、沙发等基本办公用品，将日常户籍业务办理的流程、费用、时限、所需手续以及其他注意事项等事项上墙公示，还放置足够数量的户籍业务申请、审批用表和详细的填表说明、样表，并充分依靠人民群众的力量，将乡镇包片、驻村干部、第一书记、村支书和村委会主任等吸收为代办员，充分利用周一至周五坐班工作制，为点内群众知道相关业务办理。"代办制"的实施，有效将"群众找民警"转变为"民警找群众"，将"登门办理"转变为"上门服务"，而这一来一去之间的转换，正是对践行新时代"枫桥经验"的一次积极有效的尝试，也是切实做到了"服务不缺位"。[①]

[①] 资料来源：调研、网站和样本县提供。

十一　群众满意

新时代"枫桥经验"的灵魂在于一切以人民为中心。人民群众是新时代"枫桥经验"的直接参与者和感受者。人民群众满意度是反映坚持和发展新时代"枫桥经验"状况的重要指标。人民群众对社会治理的需求越来越高。坚持以人民为中心、一切为了群众始终是新时代"枫桥经验"不变的初心。

（一）问卷设计

1. 您是否了解"枫桥经验"？

群众对"枫桥经验"的了解程度与新时代"枫桥经验""人民主体""多元协同"指标密切相关。新时代"枫桥经验"的一个显著特点就是坚持人民主体、多元协同。人民群众对新时代"枫桥经验"的了解程度可以反映新时代"枫桥经验"在基层社会治理中的影响力以及主体作用发挥的状况。

2. "矛盾不上交，平安不出事，服务不缺位"，当地做得怎么样？

"矛盾不上交、平安不出事、服务不缺位"是新时代"枫桥经验"的一种表达，是人民群众可感、可触、可视、可及的衡量维度。坚持和发展新时代"枫桥经验"的状况，最重要的要看矛盾化解、平安建设、政府服务的状况。人民群众对于矛盾纠纷化解的满意程度主要是根据新时代"枫桥经验""矛盾化解""平安和谐""人民主体"指标设计的问题。

3. 当地党员干部先锋模范作用发挥得怎么样？

充分发挥党员干部的带领作用，是坚持和发展新时代"枫桥经验"的前提保证。党员干部先锋模范作用的发挥情况的与新时代"枫桥经验""党的领导"指标紧密相关。人民群众对党员干部的带头作用是否满意是衡量坚持和发展新时代"枫桥经验"水平的重要指标。

4. 您对当地上学、看病、养老等各方面的政策服务是否满意？

上学、看病、养老等问题是人民群众最关心最直接最现实的利益问题。测评人民群众对上学、看病、养老等方面的满意度是根据新时代"枫桥经验"的一级指标"人民主体"设计的。此问题检验当地政府是否认真贯彻落实中央各项惠民政策，把好事办好、实事办实，让群众时刻感受到党和政府关怀的重要指标。

5. "有事好商量，大家的事大家商量着办"，这方面做得怎么样？

"有事好商量，大家的事大家商量着办"是让人民当家作主，体现了人民民主。协商民主是实现党的领导的重要方式，是中国特色社会主义民主政治的特有形式和独特优势。对"有事好商量，大家的事大家商量着办"是根据"自治强基""人民主体""多元协同"指标设计的。"大家的事大家商量着办"，"大家的事政府、社会、群众共同办"，是多元协同机制的具体体现。

6. 您对所在地村委会/居委会工作满意吗？

基层治理是国家治理的基石。统筹推进村社治理，是实现基层治理体系和治理能力现代化的基础工程。村委会/居委会作为自治组织，办理本居住地区的公共事务和公益事业，调解民间纠纷，协助维护社会治安。村委会/居委会作为政府和群众沟通的桥梁，要切实畅通民意表达渠道，及时向政府反映群众的建议，使政府能够及时了解民情并及时解决问题。测量人民群众对所在地村委会/居委会的工作满意度是根据新时代"枫桥经验""人民主体""多元协同""自治强基"指标设计的。

7. 当地政府依法办事方面做得怎么样？

新时代"枫桥经验"是用法治思维和法治方式化解矛盾的基层治理方法。政府能否自觉地严格依法办事，直接关系到人民群众合法权益能否得到保障。测量人民群众对当地政府依法办事工作满意度是根据新时代"枫桥经验""四治"融合方法的"法治保障"指标设计的。此问题是衡量一个地区法治水平的重要指标。

8. 周边的人讲信用吗？

社会信用建设是坚持和发展新时代"枫桥经验"、推进基层德治建设的重要内容。测量信用状况是根据新时代"枫桥经验""四治"融合方法中的"德治教化"指标设计的。此问题可以反映出一个地区的道德环境。信用状况直接影响一个地方的营商环境。信用是法治的基础。

9. 现在很多事情都可以用手机处理，"掌上办事"方便吗？

以数字化助推基层治理体系与治理能力现代化，是坚持和发展新时代"枫桥经验"的创新实践。测量"掌上办事"的方便程度是根据新时代"枫桥经验""四治"融合方法中的"智治支撑"指标设计的。这一指标能反映出数字化是否能够真正为广大民众提供更高效便捷的服务，是否能够在矛盾纠纷化解中发挥支撑作用。

10. 您生活在当地的安全感怎么样？

不断提升群众获得感、幸福感、安全感是各级党委和政府推进基层治理体系和法治能力现代化的目标。测量群众在当地生活的安全感是根据新时代"枫桥经验"的一级指标"矛盾化解""平安和谐"设计的。人民群众的生活安全感也是考察一个地区法治环境的重要指标，因此与新时代"枫桥经验""四治"融合方法的"法治保障"指标也高度相关。

（二）问卷调查结果分析

本次问卷调查对象涵盖不同年龄、不同职业。以浙江省为例，本次新时代"枫桥经验"满意度调查年龄分布为：16岁以下为410人次，占0.76%；16—18岁为827人次，占1.54%；18—30岁为9322人次，占17.33%；30—40岁为16180人次，占30.07%；40—50岁为14050人次，占26.12%；50岁以上13011人次，占24.18%。

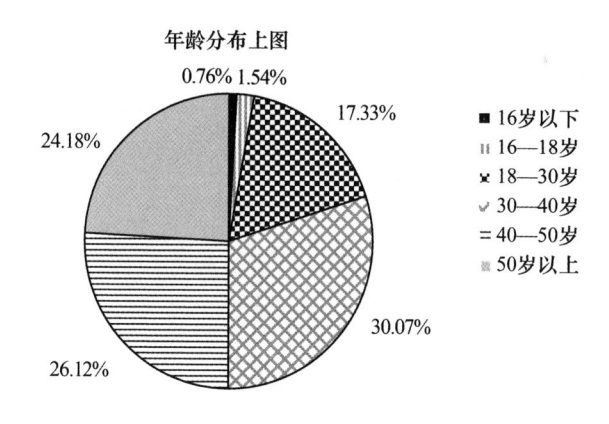

图11.1 问卷调查对象年龄分布图

浙江省受调查者职业分布为：农民为15389人次，占28.6%；工人为6663人次，占12.38%；企业管理人员为2193人次，占4.08%；个体工商户为5587人次，占10.38%；律师为114人次，占0.21%；记者为68人次，占0.13%；教师为671人次，占1.25%；政府工作人员为5314人次，占9.88%；

医生为268人次，占0.5%；学生为1392人次，占2.59%；其他职业为16141人次，占30%。

本报告选取浙江、河北、吉林、江西、四川五个样本省份进行分析。

1. 您是否了解"枫桥经验"？

浙江省、江西省对"枫桥经验"的整体了解情况较为良好。这两个省份选择"非常了解"的人数占比超过60%。浙江省作为"枫桥经验"发祥地，各级党委和政府都高度重视学习推广新时代"枫桥经验"，努力把新时代"枫桥经验"贯彻落实到基层治理当中，人民群众对"枫桥经验"的了解程度相对较高。江西省坚持和发展新时代"枫桥经验"，动员广大群众参与社会治理，贯彻落实党的群众路线，人民群众对"枫桥经验"的了解程度也较高。

表11.1　各省对"枫桥经验"的了解程度统计表　　单位：%

省份	非常了解	比较了解	一般了解	不太了解	不了解
浙江省	63.85	20.28	9.75	3.61	2.51
江西省	68.46	16.61	8.29	4.56	2.07
河北省	55.75	24.52	12.26	4.14	3.33
吉林省	35.46	24.84	18.97	10.71	10.03
四川省	25.47	28.64	25.63	10.44	9.81

河北省、吉林省在问卷中选择"非常了解"的群众占比分别为55.75%和35.46%；选择"比较了解"的群众占比分别为24.52%和24.84%。四川省的问卷调查中有25.47%的群众选择"非常了解"；28.64%的群众选择"比较了解"；"25.63%"

的群众选择"一般了解"。

2. "矛盾不上交,平安不出事,服务不缺位",当地做得怎么样?

河北省、浙江省、江西省对该问题的总体满意度较高,选择"非常好"的人数占比均超过60%。其中,河北省选择"非常好"的人数占79.35%,浙江省选择"非常好"的人数占73.08%,江西省选择"非常好"的人数占68.46%。吉林省、四川省选择"非常好"的人数占比分别为56.63%、44.46%,选择"比较好"人数占比分别为28.33%、36.71%。数据表明,吉林省和四川省有80%及以上的群众对政府工作是比较认可的。

表11.2 各省对矛盾化解的满意度统计表 单位:%

省份	非常好	比较好	一般	不太好	不好
浙江省	73.08	20.55	5.94	0.27	0.16
江西省	68.46	16.61	8.29	4.56	2.07
河北省	79.35	15.83	3.92	0.38	0.54
吉林省	56.63	28.33	13.08	0.91	1.05
四川省	44.46	36.71	16.30	1.42	1.11

自2021年1月1日起,河北省开始施行《河北省多元化解纠纷条例》,其内容包括总则、源头预防、主体职责、化解途径、效力确认、保障措施、监督管理和附则。此条例对于健全完善化解纠纷制度、满足人民群众多元化解纠纷需求、促进矛盾化解纠纷工作法治化、规范化,具有重要意义。浙江省积极践行新时代"枫桥经验",通过"一站式"矛盾纠纷调解机制,及时发

现矛盾纠纷，提前预防、发现和解决矛盾。其中有6个样本县的矛盾纠纷就地化解率为95%以上，例如台州市路桥区、温州市瓯海区、绍兴市上虞区、嘉兴市桐乡市、舟山市普陀区、丽水市青田县。江西省对矛盾纠纷预防化解机制做了许多有益的探索。《江西省矛盾纠纷多元化解条例》自2022年7月1日起实施。近年来，吉林省大力推行矛盾纠纷化解"一站式"平台建设，形成多元化解矛盾纠纷新格局。四川省也积极回应人民群众的需求，主动适应基层社会治理变革，鼓励各类群众在基层社会治理中发挥主体作用。

3. 当地党员干部先锋模范作用发挥得怎么样？

河北省、浙江省选择"非常好"的人数占比为83.10%、73.37%，这说明当地党员干部较好地发挥了先锋模范作用。江西省、吉林省、四川省选择"非常好"的人数占比分别为68.46%、60.59%、50.32%。人民群众对党员干部发挥先锋模范作用要求很高。党员干部始终践行初心使命、与群众心连心是永恒的课题。

表11.3　对党员干部先锋模范作用发挥的满意度统计表　　单位：%

省份	非常好	比较好	一般	比较差	差
浙江省	73.37	20.02	6.12	0.33	0.16
江西省	68.46	16.61	8.29	4.56	2.07
河北省	83.10	12.02	4.24	0.21	0.43
吉林省	60.59	25.66	11.76	0.77	0.86
四川省	50.32	33.23	14.72	1.11	0.63

四川省、浙江省、江西省社会组织党组织覆盖率为92%以上，例如浙江省嘉兴市桐乡市、四川省成都市成华区、江西省上饶市玉山县。在坚持和发展新时代"枫桥经验"的过程中，党员干部的先锋模范作用主要体现在党组织充分发挥党的政治优势和"战斗堡垒"作用，党员干部发挥带头作用，从而把党的领导与群众路线结合起来，有效预防和化解矛盾纠纷。

4. 您对当地上学、看病、养老等各方面的政策服务是否满意？

江西省人民群众对此问题选择"非常满意"的人数占比为82.42%，河北省和浙江省选择"非常满意"的人数占比分别为78.33%、71.72%，这说明当地人民群众对上学、看病、养老等各方面的政策服务比较满意。吉林省、四川省选择"非常满意"的人数占比分别为50.67%、40.03%；选择"比较满意"的人数占比分别为27.03%、39.08%。虽然在这两个省份中选择"非常满意"的人数占比相对于其他三个省份较低，但选择"非常满意"和"比较满意"的总人数占比均接近80%。各地政府都积极落实保障民生的措施，如建立和完善社会养老服务体系、全面实施义务教育阶段免费教育、全面覆盖生育健康服务等。

表11.4　对当地上学、看病、养老等政策服务的满意度统计表　　　单位：%

省份	非常满意	比较满意	一般	比较不满意	不满意
浙江省	71.72	20.90	6.67	0.37	0.35
江西省	82.42	12.16	4.73	0.31	0.38

续表

省份	非常满意	比较满意	一般	比较不满意	不满意
河北省	78.33	14.70	5.36	0.54	1.07
吉林省	50.67	27.03	17.78	1.48	3.04
四川省	40.03	39.08	16.61	2.22	2.06

从收集的数据看，浙江省、四川省、江西省的残疾人帮扶服务覆盖率、困难退役人员帮扶救助安置均进入良好区间。一些样本县表现比较突出，例如四川省成都市成华区、四川省眉山市仁寿县、浙江省绍兴市上虞区、浙江省湖州市安吉县、江西省九江市浔阳区。

5. "有事好商量，大家的事大家商量着办"，这方面做得怎么样？

江西省人民群众对此问题选择"非常好"的人数占比为84.15%，河北省、浙江省选择"非常好"的人数占比分别为79.24%、72.11%，以上三个省份选择"非常好"的人数占比都超过70%，这表明群众议事协商工作受到了绝大多数人民群众的认可。

表 11.5　对"有事好商量，大家的事大家商量着办"
的满意度统计表　　　　　　　　　单位：%

省份	非常好	比较好	一般	比较差	不满意
浙江省	72.11	20.54	6.83	0.31	0.20
江西省	84.15	11.43	4.08	0.17	0.17
河北省	79.24	15.18	4.72	0.32	0.54
吉林省	54.37	27.09	16.06	1.18	1.30
四川省	42.41	39.08	16.46	1.11	0.95

从收集的数据看，江西省、浙江省中有多个样本县的市级以上民主法治村占比达到80%以上，例如南昌市西湖区、温州市瓯海区、嘉兴市桐乡市等。吉林省、四川省选择"非常好"的人数占比分别为54.37%、42.41%；选择"比较好"的人数占比分别为27.09%、39.08%。这两个省份有80%的群众对于"有事好商量，大家的事大家商量着办"的落实状况是比较满意的。

6. 您对所在地村委会/居委会工作满意吗？

江西省人民群众对此问题选择"非常满意"的人数占比为87.08%，河北省选择"非常满意"的人数占比为80.80%，浙江省选择"非常满意"的人数占比为73.64%，以上数据表明人民群众对所在地村委会/居委会的工作满意度较高。

表11.6　各省对所在地村委会/居委会工作满意度统计表　单位：%

省份	非常满意	比较满意	一般	比较不满意	不满意
浙江省	73.64	19.64	6.12	0.33	0.27
江西省	87.08	9.64	2.94	0.10	0.24
河北省	80.80	13.60	4.80	0.16	0.64
吉林省	59.41	25.63	12.82	0.71	1.43
四川省	42.90	36.91	17.03	1.26	1.89

吉林省、四川省选择"非常满意"的人数占比为59.41%、42.90%，"非常满意"人数占比相对较低。在新时代，矛盾纠纷的表现形式、内容都发生了新变化，人民群众对民主法治、公平正义、安全环境等方面要求日益增长。

7. 当地政府依法办事方面做得怎么样？

江西省对此问题选择"非常好"的人数占86.01%，选择"比较好"的人数是10.16%。河北省选择"非常好"的人数占82.52%，选择"比较好"的人数占12.21%。数据表明，当地人民群众对政府依法办事的满意度较高。

表 11.7　各省对当地政府依法办事的满意度统计表　单位：%

省份	非常好	比较好	一般	比较差	不满意
浙江省	68.91	24.40	6.27	0.27	0.14
江西省	86.01	10.16	3.52	0.17	0.14
河北省	82.52	12.21	4.37	0.53	0.37
吉林省	58.33	26.08	13.59	0.91	1.09
四川省	52.21	35.02	11.04	10.63	1.10

浙江省、吉林省、四川省选择"非常好"的人数占比分别为68.91%、58.33%、52.21%，选择"比较好"的人数分别占24.40%、26.08%、35.02%。从基层法治发展状况看，各地法治水平虽然存在地区差异，但大体处于良好状态。人民群众满意度测评总体符合客观实际。当然，各地对民调的引导可能会影响客观性。如何让民调更符合实际，这需要课题组通过运用更科学的方法来实现。

8. 周边的人讲信用吗？

河北省、江西省对此问题选择"很讲信用"的人数占比均超过70%，分别为77.27%和72.97%，这说明当地人民群众对周边人群的信用相对认可。从收集的数据看，河北省的五个样本县在省级以上信用指数得分中表现良好，均超过 84 分以上。这五个样本县是邢台市清河县、沧州市肃宁县、承德市隆化县、石家庄市晋州市、保定市博野县。

表 11.8　　各省对周边群众信用程度的满意度统计表　　单位：%

省份	很讲信用	讲信用	一般	比较差	差
浙江省	67.41	24.97	7.20	0.29	0.13
江西省	77.27	17.65	4.77	0.21	0.10
河北省	72.97	21.16	5.38	0.27	0.21
吉林省	51.19	31.41	16.05	0.75	0.61
四川省	34.70	47.16	17.03	0.63	0.47

浙江省、吉林省和四川省选择"很讲信用"的人数占比分别为 67.41%、51.19%、34.70%，选择"讲信用"的人数分别占比为 24.97%、31.41%、47.16%。以上三个省份中有 80% 左右的群众对于周围人的信用相对满意。总的来看，各地社会信用建设提升空间较大，困难也较多。社会信用体系建设并非一朝一夕可以完成，需要久久为功。当前，各地应当牢牢把握营造法治化营商环境的契机，把信用建设作为抓手，通过信用建设，防范化解矛盾纠纷，营造人人讲信用的氛围。

9. 现在很多事情都可以用手机处理，"掌上办事"方便吗？

江西省、河北省、浙江省对此问题选择"非常方便"的人数分别占 85.49%、82.25%、76.25%，选择"比较方便"的人数分别占 11.81%、14.50%、19.33%，这说明当地大部分的人民群众认为"掌上办事"App 非常方便。

表 11.9　各省对周边群众信用程度的满意度统计表　　单位：%

省份	非常方便	比较方便	一般	比较不方便	不方便
浙江省	76.25	19.33	4.01	0.26	0.15
江西省	85.49	11.81	2.45	0.03	0.21
河北省	82.25	14.50	2.93	0.11	0.21
吉林省	63.41	27.20	8.08	0.59	0.72
四川省	51.10	37.54	10.09	0.47	0.79

吉林省、四川省选择"非常方便"的人数占比分别为 63.41%、51.10%；选择"比较方便"的人数占比分别为 27.20%、37.54%。至少有 80% 及以上的群众对于"掌上办事"App 是相对满意的。各地都在积极创新"互联网+""智慧+""移动微+"等科技赋能社会治理模式，都在努力实现基层治理数字化。可以预测，数字化将在推动基层社会治理体系和治理能力现代化的进程中发挥更大作用。

10. 您生活在当地安全感怎么样？

江西省、河北省、浙江省对此问题选择"非常好"的人数分别占 87.56%、84.49%、77.55%，选择"比较好"的人数分别占 10.09%、12.79%、18.30%，这表明政府通过平安创建活动使社会治安环境得到了持续改善，人民群众安全感较高。

表 11.10　　各省对当地生活安全感的满意度统计表　　单位：%

省份	非常好	比较好	一般	比较差	不满意
浙江省	77.55	18.30	3.82	0.22	0.11
江西省	87.56	10.09	2.07	0.10	0.17
河北省	84.49	12.79	2.40	0.16	0.16
吉林省	65.46	26.54	7.35	0.34	0.30
四川省	53.63	36.59	9.15	0.47	0.16

吉林省、四川省选择"非常好"的人数占比分别为65.46%、53.63%，选择"比较好"的人数占比分别为26.54%、6.59%，这说明人民群众感觉生活在当地安全感较好。江苏省也有一些样本县表现突出，例如，2022年南通市如皋市群众安全感高达99.67%，位列全省第一，再次刷新安全感测评连续位居省市前列的优秀成绩。安全是人民幸福安康最基本要求，各地政府应当努力让全体人民群众感到安全，通过法治方法保证人民的生命财产安全，保证人民的合法权益不受侵害。

（三）样本县经验—河北隆化、浙江青田、江西玉山

1. 河北省承德市隆化县

隆化县隶属承德市，是全国著名战斗英雄董存瑞英勇献身的地方。该县除河谷、狭窄平川外大部为低山丘陵，有"八山一水一分田"之称。2020年2月29日，隆化县退出贫困县序列，正式脱贫"摘帽"。隆化县共有少数民族30个，人口27.9万人，其中以满族、蒙古族为最多。隆化县入选2020中国最

具安全感百佳县市，被生态环境部命名为第五批"绿水青山就是金山银山"实践创新基地。隆化县始终坚持和发展新时代"枫桥经验"，把党的领导贯穿于基层治理的全过程，充分发挥党组织的政治功能和组织优势。

一方面，隆化县通过突出三个层次优化网格服务管理成功把党中央的路线、方针、政策和省、市、县各项安排部署传达到基层、落实到末端。首先是突出政治引领。县乡村设总网格和一、二级网格，在二级网格下建立"和谐十二家"红色微网格，一级网格有党委，二级网格有支部，三级网格有党小组，县委书记任总网格长，乡镇党委书记和村党支部书记为一级和二级网格长，25名县级领导担任一级网格政治指导员，1124名党员干部担任网格指导员，将党的领导延伸到每个网格。其次是细化网格设置。按照"地域相邻、规模适度、方便管理"的原则，以12户为基本治理单元，以社会主义核心价值观为创建内容，建立"和谐十二家"红色微网格，每4个网格配备1名网格指导员。截至目前，全县构建红色网格10246个，2066名党员担任网格员，配备网格服务人员11210人，形成了"横向到边、纵向到底"的网格治理体系。最后是构建利益共同体。组建"共享式经济合作社"，通过开展统购统销和社会化服务，组织农户生产生活互助，荣辱共担、利益与共。网格员常态参与合作社日常运营，并按比例领取补贴，人均年获奖励补贴1万余元，实现了网格员有待遇、集体有收入、群众有实惠，促进了模式的可持续发展，做到了治理角色由"要我治"向"我来治"的转变。网格员在各级党组织的指导下，成为方针政策的"传话筒"、群众诉求的"收纳箱"、社会稳定的"减压阀"。

另一方面，隆化县积极发挥党员在网格中的先锋模范作用，以三个平台为载体，通过主动问需让服务更精准，重心前移让通道更便捷，一站办理让群众更满意。一是"道德文化促进会"培根固元。组建"道德文化促进会"，定期组织群众参加网络学习、专家讲座、交流分享、典型评选，常态开展"孝心饺子宴""最美隆化人""脱贫不忘感党恩"等文明实践活动。通过"诚信积分"实行守信联合激励，失信联合惩戒，对积分排名靠前的109人给予了参军入党、就业推荐联合激励。二是"说理委员会"定纷止争。组织老党员、老干部、乡贤能人成立"说理委员会"，将邻里关系、婆媳矛盾、夫妻纠纷等家事纠纷化解在"家门口"。2023年以来，共化解家庭纠纷4113件，真正做到了"小事不出格、大事不出村、难事不出乡、矛盾不上交"。三是"智慧综治中心"惠农便民。推动乡、村两级综治中心与党群服务中心、文明实践中心、公共法律服务中心一体化运行，依托"一站式"服务平台和信息化手段，为群众提供"接诉即办"、代办、交办、转办，"点对点"精准化服务，实现128项审批、公共服务事项可在乡、村就近办理。[①]

2. 浙江省丽水市青田县

青田县隶属丽水市，素有"九山半水半分田"之称。青田历史悠久，有"石雕之乡、华侨之乡、名人之乡"的美誉，是

[①] 参见《隆化县构建"和谐十二家"红色微网格 奋力开创新时代基层社会治理工作新局面》，2023年4月7日，河北共产党员网。

浙江第一大侨乡。县域总面积2493平方公里，总人口55万，现有华侨38.1万人，分布在世界146个国家和地区。青田法院每年受理的涉侨案件约占民商事案件25%，体量较大。青田法院立足海外侨胞司法需求，以丽水中院开展的涉侨纠纷"一件事"改革为切入点，秉持"用心用情办好涉侨案件"的为民司法理念，努力打造涉侨多元解纷示范地和为侨服务领先地。相关做法多次获得最高人民法院的肯定，2次被编入最高人民法院《司法改革动态》，涉侨纠纷"一件事"改革案例获评全国法院十大最受欢迎一站式建设改革创新成果。同时，青田法院先后获得"全国家事审判先进集体""全省指导人民调解工作先进集体""全省示范诉讼服务中心""全省法院诉源治理成绩突出集体"等荣誉称号。

（1）创新引领，全面实现纠纷"一站解"

一是重组资源，实现调立审执一体化。与社会治理中心建立"诉调联盟"合作机制，派遣"1名华侨调解员+2名商事专职调解员"入驻法庭，全天候提供涉侨企调解服务；调配"1名执行专员+1名辅助人员"下沉法庭，实现诉前、立案、审判、执行全流程一站式办理。涉侨纠纷诉前调解成功率55%，调撤率达83.2%。二是数字赋能，推动多元解纷便利化。研发迭代升级"侨纷一件事"多跨协同应用场景，打造多元解纷、诉讼专区、涉侨特色服务等功能模块，为海内外华侨提供调解、诉讼、仲裁等一揽子化解方案和查询、公证、翻译等集约解纷辅助服务。该应用获评2022年浙江全域数字法院"好应用"。三是内外联动，助推诚信发力全域化。优化归侨侨眷集聚地的陪审员、调解员、网格员、海外联络员、"共享法庭"庭务主任等多方主体资源，充分释活"诚信奶奶陈金英"等诚信人物群像引领，实时开展涉侨案件判后跟踪，借力侨联域外资源，定期归集海外侨团、商会反映的信用态势，全力保障人民群众胜诉权益。

（2）融合共建，绘好侨纷多解"同心圆"

一是推进部门联动。与县委政法委等7部门设立涉侨纠纷多元化解中心，在乡镇（街道）设分中心。与多部门建立金融协议在线确认机制、涉侨诉讼公证对接机制、多部门司法网拍在线协作机制，创新"一次办"协同服务。二是引入民意参调。创设人民观察调解制度，针对当事人矛盾突出的涉侨跨境纠纷，选取当事人所在地侨领、同乡会成员，在线组建人民观察调解团。观调团全程旁听庭审或参与调解，调解不成的，对争议焦点进行在线投票、评判，视情作为裁判参考。三是联动海外资源。与侨联和19个海外侨团签订《信息交流与友好合作协约》，实现涉侨信息互通、资源共享。截至目前，与海外联络员信息交流1000余次，为海外华侨提供便利、提供翻译、普法宣传等辅助性事项500余次。

（3）精准服务，筑牢侨乡治理"主阵地"

一是聚焦党委决策需求。坚持党对涉侨解纷工作的绝对领导，树立侨乡治理"一盘棋"理念，将"涉侨纠纷一件事"改革纳入党委工作大局中谋划，推动召开县委法院工作会议专题部署涉侨纠纷"一件事"改革工作，出台涉侨纠纷多元化解机制，形成"党委抓总、部门联动、法院主推"一体共建格局。二是聚焦侨企营商需求。在浙江（青田）华侨经济文化合作试验区设立"一带一路"国际商事调解中心，建立人才科技保障中心，设立知识产权巡回审判点，为侨企侨商搭建诉调衔接的多元解纷平台。开通涉海外人才案件"立、调、审、执"绿色通道，司法保障创新创业创造活力。三是聚焦华侨法治需求。创建"一法官一侨团"制度，编制《涉侨审判白皮书》《涉侨诉讼答疑手册》等各类普法手册，为海外华侨群体提供法律咨询等便利服务。开设"海外法治云课堂"等系列普法活动，为海外侨胞输送实用有效的法律知识，积极展示中国司法优越性。

3. 江西省上饶市玉山县

玉山县隶属上饶市。玉山建县已有1300余年历史。始建于武周证圣元年（795年），因境内有相传天帝遗玉而成的怀玉山而得名。该县有三清山、国家森林公园怀玉山、武安山、天梁风景区、三清湖等风景名胜区。2020年6月，玉山县入选第一批全国法治政府建设示范地区和项目名单。在此次满意度调查中，玉山人民群众对"矛盾不上交、平安不出事、服务不缺位"满意度较高。玉山县立足创新发展新时代"枫桥经验"，创建推行县、乡、村三级社会治理中心、分中心和工作站，构建了矛盾纠纷"一站式受理、全周期管控、全链条解决"的工作模式，有效解决了一批群众"身边事"、基层"头痛事"和部门"扯皮事"，及时将矛盾纠纷化解在基层和萌芽状态，有力提升了基层社会治理效能。

（1）筑牢"主阵地"，群众办事"跑一地"

玉山县将县、乡两级现有的综治中心、矛盾纠纷调解中心、信访接待中心、网格化中心等分散的"多中心"资源，整合打造社会治理中心，并吸收鉴定、仲裁、公证、心理咨询、志愿者协会等社会资源。在编制人员上，县社会治理中心落实16名编制，配备一正两副领导职数，与综治中心实行"两块牌子，一套人马"。在功能布局上，按"系统+集成"思路，采用"1+6+N"的模式，设置群众接待、纠纷调解、司法服务、劳动仲裁、心理疏导等功能区，打造类似"全科医院"的矛盾纠纷综合平台，让群众诉求都有相应的处置部门和专门的工作人员，实现群众办事"只进一门"，矛盾化解"只跑一地"。

（2）聚焦"主战场"，矛盾化解"进一门"

玉山县社会治理中心和乡社会治理分中心采取常驻、轮驻、随驻、聘驻等灵活方式进驻部门，村工作站就简办公。在县社会治理中心，县委信访局成建制进驻，县公安、法院、住建、卫健等16家高频事项广、高权重事项多、纠纷数量大的部门实行常驻，每月矛盾纠纷量排名前三的乡镇（街道）或县直单位进行轮驻，宣传、工会等矛盾纠纷相对较少的部门单位实行随驻；医患纠纷、交通事故等行业调解以及品牌调解室、工作室等社会组织实行聘驻，由县社会治理中心主任统一领导、管理、调度和考核。同时中心吸纳了一大批德高望重、经验丰富的人民调解员、退休老干部、知名乡贤、老党员等社会力量参与调处。

（3）打通"主动脉"，基层治理"成一体"

玉山县出台了《县、乡、村三级社会治理中心（分中心、工作站）实施方案》《社会治理中心办事指南和制度汇编》，制定矛盾纠纷受理交办、多元解纷、考核问效等联动机制，拧紧部门协调、上下联动的"责任链"。对一般矛盾纠纷，实行首问负责人制度，由首问负责人办理答复、跟踪服务；对重大突发和区域性、跨部门的"疑难杂症"，由县社会治理中心牵头，成立专项工作组，实行县、乡、村三级同步视频接访，涉事涉人的乡镇（街道）和部门协同处理。规定简单、一般、复杂、疑难事项要在 1 天、5 天、15 天、20 天办结。对工作人员实行积分制管理，对表现突出的给予奖励或提拔重用；对不履职尽责，积分排名末尾的清理出台。

（4）提升"驱动力"，数字赋能"融一网"

玉山县以"融数据"为牵引，汇集公安、城管、应急等 20 多个部门数据，整合上饶公众 APP、智慧玉山等平台，研发了高共享、广应用的"玉山县矛盾纠纷应用协同"系统，赋能了中心近距离、高效率服务群众的"智慧脑"，推动群众事项高效受理研判、处置回访和反馈，打通了便民服务"最后一公里"，先后得到中央电视台《新闻频道》、《法治日报》等中央和省市媒体的报道推介。[①]

---

① 资料来源：调研、网站和样本县提供。

结　语

　　国家安全是民族复兴的根基，社会稳定是国家强盛的前提。中国新时代"枫桥经验"在维护社会安全稳定、从源头上预防和减少社会矛盾方面发挥了抓手作用。站在新的历史起点上，新时代"枫桥经验"需要更好地坚持和发展，更有效地化解矛盾纠纷，更有力地维护社会安全稳定。

　　中国已经取得经济快速发展、社会长期稳定两大奇迹，但社会问题依旧突出。各类社会矛盾以各种形式显现，征地拆迁、医疗卫生、金融风险、劳动争议、医患矛盾、环境污染等领域的矛盾纠纷化解仍然艰巨，社会治理还有弱项。构建舒心安心放心的社会环境是实现共同富裕的基本目标。中国不能成为"诉讼大国"，必须把非诉讼纠纷解决机制挺在前面，这是中国的国情决定的。

　　一个健康的社会，首先是有预防矛盾和纠纷发生的机制，尽可能避免矛盾和纠纷的发生。在发生矛盾和纠纷之后，应该先寻求社会自身的纠纷解决途径，解决大部分纠纷，这正是新时代"枫桥经验"发挥作用的阶段。中国必须坚持和发展新时代"枫桥经验"，推动更多法治力量向引导和疏导端用力，加强矛盾纠纷源头预防、前端化解、关口把控，完善预防性法律制度，从源头上减少诉讼增量。中国完全有能力、有信心、有底气有效化解矛盾纠纷，创造治理奇迹，维护国家安全和社会稳定。中国完全有能力、有信心、有底气到 2035 年基本实现社会主义现代化，全体人民共同富裕取得更为明显的实质性进展。中国完全有能力、有信心、有底气到 21 世纪中叶建成富强民主文明和谐美丽的社会主义现代化强国，全体人民共同富裕基本实现。

世界各国基层治理有特殊性，也有共性。中国吸收借鉴国外社会治理中一些成功的做法，也愿意分享自己成功的经验。可以期待，新时代"枫桥经验"将赢得更多的认同，也一定能在全球治理中发挥积极作用。在全球各领域风险积聚、不确定性显著上升的背景下，中国愿同国际社会一道践行共商共建共享的全球治理观，共同推动全球治理法治化进程，更好造福各国人民，携手构建人类命运共同体，共同创造人类美好未来。

附录 2023新时代"枫桥经验"指数样本县名单

1. 新时代"枫桥经验"指数场景应用试验样本县

序号	省（市、自治区）	地级市（自治州、盟）	县（市、区、旗）
1	浙江省	绍兴市	诸暨市

2. 新时代"枫桥经验"指数样本县

排序	省（市、自治区）	地级市（自治州、盟）	县（市、区、旗）
1	浙江省	湖州市	安吉县
2	江苏省	苏州市	张家港市
3	浙江省	嘉兴市	桐乡市
4	福建省	泉州市	南安市
5	上海市		徐汇区
6	浙江省	宁波市	象山县
7	浙江省	杭州市	富阳区
8	江苏省	南通市	如皋市
9	北京市		海淀区
10	广东省	广州市	越秀区
11	浙江省	金华市	浦江县
12	浙江省	绍兴市	嵊州市
13	浙江省	丽水市	青田县

续表

排序	省（市、自治区）	地级市（自治州、盟）	县（市、区、旗）
14	福建省	泉州市	安溪县
15	江苏省	无锡市	江阴市
16	湖南省	长沙市	长沙县
17	山东省	青岛市	胶州市
18	广东省	珠海市	香洲区
19	上海市		浦东新区
20	江西省	九江市	浔阳区
21	四川省	成都市	成华区
22	浙江省	舟山市	普陀区
23	北京市		朝阳区
24	福建省	泉州市	石狮市
25	浙江省	金华市	永康市
26	浙江省	衢州市	衢江区
27	江苏省	常州市	溧阳市
28	江西省	赣州市	寻乌县
29	吉林省	延边朝鲜族自治州	延吉市
30	浙江省	台州市	黄岩区
31	福建省	福州市	福清市
32	河南省	郑州市	巩义市
33	新疆维吾尔自治区	克拉玛依市	克拉玛依区
34	安徽省	宣城市	广德市
35	江西省	上饶市	玉山县
36	云南省	昆明市	石林县
37	新疆维吾尔自治区	博尔塔拉蒙古自治州	精河县
38	海南省	省直辖	琼海市
39	四川省	眉山市	仁寿县
40	青海省	西宁市	湟中区
41	宁夏回族自治区	银川市	灵武市
42	湖南省	邵阳市	邵东市
43	江西省	吉安市	井冈山市
44	北京市		西城区

续表

排序	省（市、自治区）	地级市（自治州、盟）	县（市、区、旗）
45	云南省	保山市	腾冲市
46	海南省	省直辖	文昌市
47	新疆维吾尔自治区	乌鲁木齐市	头屯河区
48	河北省	承德市	隆化县
49	陕西省	延安市	安塞区
50	内蒙古自治区	鄂尔多斯市	伊金霍洛旗
51	上海市		黄浦区
52	海南省	省直辖	保亭黎族苗族自治县
53	广西壮族自治区	百色市	平果市
54	湖南省	长沙市	浏阳市
55	新疆维吾尔自治区	阿克苏地区	阿克苏市
56	广东省	肇庆市	四会市
57	河北省	石家庄市	晋州市
58	青海省	海东市	民和回族土族自治县
59	四川省	凉山彝族自治州	西昌市
60	湖北省	省直辖	仙桃市
61	重庆市		彭水苗族土家族自治县
62	安徽省	合肥市	肥西县
63	湖北省	黄石市	大冶市
64	重庆市		永川区
65	重庆市		渝中区
66	内蒙古自治区	赤峰市	阿鲁科尔沁旗
67	山东省	威海市	荣成市
68	湖北省	省直辖	潜江市
69	安徽省	滁州市	天长市
70	贵州省	毕节市	织金县
71	陕西省	渭南市	合阳县
72	黑龙江省	齐齐哈尔市	甘南县
73	湖南省	株洲市	醴陵市
74	云南省	楚雄彝族自治州	牟定县
75	河南省	郑州市	荥阳市

续表

排序	省（市、自治区）	地级市（自治州、盟）	县（市、区、旗）
76	河北省	保定市	博野县
77	河北省	邢台市	清河县
78	贵州省	黔东南苗族侗族自治州	雷山县
79	辽宁省	鞍山市	海城市
80	青海省	黄南藏族自治州	同仁市
81	山西省	临汾市	洪洞县
82	山东省	枣庄市	滕州市
83	宁夏回族自治区	吴忠市	利通区
84	陕西省	宝鸡市	陇县
85	贵州省	黔南布依族苗族自治州	福泉市
86	黑龙江省	鹤岗市	南山区
87	辽宁省	大连市	庄河市
88	陕西省	安康市	石泉县
89	山西省	吕梁市	孝义市
90	黑龙江省	绥化市	安达市
91	广东省	惠州市	博罗县
92	广西壮族自治区	河池市	巴马瑶族自治县
93	甘肃省	酒泉市	敦煌市
94	天津市		西青区
95	河南省	郑州市	新密市
96	辽宁省	锦州市	黑山县
97	西藏自治区	拉萨市	墨竹工卡县
98	山西省	吕梁市	柳林县
99	吉林省	通化市	辉南县
100	天津市		滨海新区

后　　记

新时代"枫桥经验"指数和数字化场景应用是浙江大学新时代枫桥经验研究院的重大课题。白皮书《中国新时代"枫桥经验"指数报告2023》阐述了新时代"枫桥经验"指标体系，分析了新时代"枫桥经验"指数百个样本县的测评结果，介绍了部分样本县的经验。同时出版的《中国法治指数报告2023》中的样本县与新时代"枫桥经验"指数样本县不重复。

2020年12月29日，在由浙江大学、浙江省法学会、中共绍兴市委、绍兴市人民政府主办的第二届新时代"枫桥经验"高端峰会上，浙江大学新时代枫桥经验研究院正式揭牌成立。

2021年3月26日，新时代"枫桥经验"指数项目启动新闻发布会在浙江大学举行。新闻发布会由浙江大学、中共浙江省委政法委、浙江省信访局、中共绍兴市委政法委、绍兴市信访局和中共诸暨市委、诸暨市人民政府联合主办。新时代"枫桥经验"指数项目由浙江大学光华法学院教授、浙江大学新时代枫桥经验研究院学术委员会副主任钱弘道主持。

2022年1月14日，在第三届新时代"枫桥经验"高端峰会上，浙江大学新时代枫桥经验研究院正式发布新时代"枫桥经验"指标体系。在指标体系设计过程中，中国法学会党组成员、学术委员会主任张文显教授，南京师范大学中国法治现代化研究院院长公丕祥教授，中国社会科学院学部委员李林教授，公安部研究室副主任孔祥涛，中国人民大学法学院院长、《中国法学》主编黄文艺教授，浙江省法学会学术委员会主任牛太升，中共浙江省委政法委一级巡视员陆剑锋，浙江省发展和改革委员会副主任谢小云，浙江大学新时代枫桥经验研究院院长金伯中，中共诸暨市委政法委副书记、政法委书记潘超英，浙江大学光华法学院院长、浙江大学新时代枫桥经验研究院院长胡铭，西北政法大学校长助理、浙江大学新时代"枫桥经验"研究院执行院长汪世荣教授，浙江大学光华法学院副院长赵骏等提出了宝贵的建议。

钱弘道、卢芳霞、黄外斌、吴广、冯烨、李嘉、唐培培、王朝霞等项目组成员具体分工完成指标设计。金伯中、胡铭、潘超英、汪世荣、赵骏、钭晓东、曾赟等参与调研讨论和论证评审。余钊飞、沈广明、刘志皎、强盛等参与调研讨论。

2022年11月25日，在浙江大学、中共浙江省委政法委、浙江省法学会、绍兴市委市政府等单位主办的第四届新时代"枫桥经验"高端峰会上，浙江大学新时代枫桥经验研究院正式发布2022年浙江省新时代"枫桥经验"指数样本县测评结果。新时代"枫桥经验"指数监测平台正式上线。浙江大学联合阿里云计算有限公司、华为技术有限公司、杭州天阙计算科技有限公司、浙江甲骨文超级码科技股份有限公司、浙江省公众信产技术有限公司、华院计算技术（上海）有限公司、浙江非线数联科技股份有限公司、航天神州智慧系统技术有限公司、浙江汇信科技有限公司等技术单位联合攻关，合作研究新时代"枫桥经验"数字化项目，设计新时代"枫桥经验"指数监测平台。宣晓华、宋伯虎、岳晓兰、俞晓波、唐杰、王琴、潘新瑾、张玲玲、张玮兰等参与了指数测评和数字化场景应用的调研和讨论。浙江大学、浙江超级码股份有限公司合作研发"枫桥经验码"。浙江大学、阿里云计算有限公司、浙江甲骨文超级码科技股份有限公司合作开展"数据抓取和分析"课题研究。

2023年，浙江大学新时代枫桥经验研究院启动全国新时代"枫桥经验"指数样本县测评。课题组根据各地经济社会发展状况、省政法委或专家讨论推荐选取样本县进行测评。浙江大学、浙大城市学院、温州理工学院、贵州大学、吉林财贸大学、杭州师范大学、湖州师范学院、广西师范大学等单位参与了数据抓取等工作。黄外斌、丁超、胡郡玮、仇晓光、段海风、阿迪力、敖璐、朱美宁、徐向易、吴越、郎浚皓、殷娜、秦日中、庄妍、程坤等参与数据抓取工作。

钱弘道主持白皮书撰写。黄外斌、胡郡玮、冯烨、吴广、崔鹤、朱美宁、唐培培、李嘉、徐向易、吴越、丁超、敖璐、秦日中等参加了白皮书的撰写。斜晓东、沈广明、郭人菡、刘志皎等参与讨论、校改。华为技术有限公司、阿里云计算有限公司、杭州天阙科技有限公司、华院计算技术（上海）科技股份有限公司、浙江甲骨文超级码科技股份有限公司、浙江公众信息产业技术有限公司、浙江非线数联科技股份有限公司、航天神州智慧系统技术有限公司等技术单位参与了白皮书撰写。

钱弘道负责白皮书总体结构设计。

钱弘道负责撰写前言、第一部分"新时代'枫桥经验'"。

胡郡玮、俞晓波参与第二部分"党的领导"撰写。

冯烨、胡郡玮参与第三部分"人民主体"撰写。

秦日中、敖璐、陆林成参与第四部分"多元协同"撰写。

吴广、胡郡玮、陆林成参与第五部分"自治强基"撰写。

朱美宁、陆林成参与"法治保障"撰写。

唐培培、陆林成参与"德治教化"撰写。

李嘉、陆林成参与第八部分"智治支撑"撰写。

崔鹤、王露园参与"矛盾化解"撰写。

黄外斌、王露园参与第十部分"平安和谐"撰写。

徐向易、刘勇、吴越参与第十一部分"群众满意"撰写。

钱弘道负责结语撰写，负责全书修改和统稿。

黄外斌、丁超、高斌、胡郡玮、徐冰冰、敖璐、徐向易、吴越、刘权、郭人菡、刘静等参加了白皮书的校读修改。

李林、金伯中、胡铭、汪世荣、赵骏、钭晓东、曾赟、蒋国长等专家学者参与评审。

钱弘道、赵骏、冯烨、章彦英、Sughra、Marianne von Blomberg、Moshchelkov Vasilii、Ovidijus、胡郡玮、徐向易、尹佳越等参与序言英文翻译讨论及白皮书外译工作。

在课题调研、数据抓取、人民群众满意度调查、白皮书撰写等工作过程中，课题组得到了来自高校科研机构、技术单位、实务部门的有力支持。样本县调研和经验材料撰写得到了有关样本县的鼎力支持。本书的出版得到了中国社会科学出版社的大力支持。赵剑英社长非常关心本书的出版。张林编辑非常敬业，付出了辛劳。在此，谨向大家表示衷心的感谢。

浙江大学新时代枫桥经验研究院首次开展新时代"枫桥经验"指数全国样本县测评实验，数据抓取、资料收集、调研开展、白皮书撰写等各环节都碰到了客观困难，各种不足在所难免，有待今后不断完善。

中国新时代"枫桥经验"指数课题组
2023 年 7 月 15 日